plurall

CB082332

Parabéns!
Agora você faz parte do **Plurall**, a plataforma digital do seu livro didático!
Acesse e conheça todos os recursos e funcionalidades disponíveis para as suas aulas digitais.

Baixe o aplicativo do **Plurall** para Android e IOS ou acesse **www.plurall.net** e cadastre-se utilizando o seu código de acesso exclusivo:

AASF6V7EQ

Este é o seu código de acesso Plurall.
Cadastre-se e ative-o para ter acesso aos conteúdos relacionados a esta obra.

 @plurallnet

 @plurallnetoficial

WILLIAM **CEREJA**
CILEY **CLETO**

INTERPRETAÇÃO DE TEXTOS
Desenvolvendo a competência leitora

6

WILLIAM CEREJA
Professor graduado em Português e Linguística e licenciado em Português pela Universidade de São Paulo
Mestre em Teoria Literária pela Universidade de São Paulo
Doutor em Linguística Aplicada e Análise do Discurso pela PUC-SP

CILEY CLETO
Professora graduada e licenciada em Português pela Universidade de São Paulo
Mestra em Linguística e Semiótica pela Universidade de São Paulo

Presidência: Mario Ghio Júnior
Vice-presidência de educação digital: Camila Montero Vaz Cardoso
Direção editorial: Lidiane Vivaldini Olo
Gerência editorial: Viviane Carpegiani
Gestão de área e produção: Noé G. Ribeiro
Edição: Fernanda Vilany, Mônica Rodrigues de Lima e Paula Junqueira
Planejamento e controle de produção: Flávio Matuguma (ger.), Juliana Batista (coord.), Vivian Mendes e Suelen Ramos (analistas)
Revisão: Letícia Pieroni (coord.), Aline Cristina Vieira, Anna Clara Razvickas, Brenda T. M. Morais, Carla Bertinato, Daniela Lima, Danielle Modesto, Diego Carbone, Kátia S. Lopes Godoi, Lilian M. Kumai, Malvina Tomáz, Marília H. Lima, Paula Rubia Baltazar, Paula Teixeira, Raquel A. Taveira, Ricardo Miyake, Shirley Figueiredo Ayres, Tayra Alfonso e Thaise Rodrigues
Arte: Fernanda Costa da Silva (ger.), Catherine Saori Ishihara (coord.), Christine Getschko (edição de arte)
Diagramação: Ilê Comunicação
Iconografia e tratamento de imagem: Roberta Bento (ger.), Claudia Bertolazzi (coord.), Thaisi Albarracin Lima (pesquisa iconográfica) e Fernanda Crevin (tratamento de imagens)
Licenciamento de conteúdos de terceiros: Roberta Bento (ger.), Jenis Oh (coord.), Liliane Rodrigues, Flávia Zambon, Raísa Maris Reina (analistas de licenciamento) e Cristina Akisino
Ilustrações: David Martins e Jean Galvão
Cartografia: Eric Fuzii (coord.) e Robson Rosendo da Rocha
Design: Erik Taketa (coord.) e Talita Guedes da Silva (proj. gráfico e capa)
Foto de capa: Chairat Natesawai/EyeEm/Getty Images; © Armandinho, de Alexandre Beck/Acervo do cartunista; M.C. Escher's "Três Mundos" © 2020 The M.C. Escher Company - The Netherlands. All rights reserved. www.mcescher.com

Todos os direitos reservados por Somos Sistemas de Ensino S.A.
Avenida Paulista, 901, 6º andar – Bela Vista
São Paulo – SP – CEP 01310-200
http://www.somoseducacao.com.br

Dados Internacionais de Catalogação na Publicação (CIP)

```
Cereja, William Roberto
   Interpretação de textos : desenvolvendo a competência
leitora, 6º a 9º ano / William Roberto Cereja, Ciley Cleto.
-- 3. ed. -- São Paulo: Atual, 2021.
   (Interpretação de textos ; vol. 6 ao 9)

   1. Língua portuguesa (Ensino fundamental) 2. Língua
portuguesa (Ensino fundamental) I. Título II. Cleto, Ciley

20-4495                                          CDD 372.6
```

Angélica Ilacqua - CRB-8/7057

2024
Código da obra CL 801928
CAE 753200 (AL) / 753204 (PR)
ISBN 978-65-5945-000-8 (AL)
ISBN 978-65-5945-004-6 (PR)
3ª edição
5ª impressão
De acordo com a BNCC.

Impressão e acabamento: Bercrom Gráfica e Editora

Uma publicação

Apresentação

Prezado estudante

No mundo em que vivemos, o texto perpassa cada uma de nossas atividades, individuais e coletivas. Verbais, não verbais ou mistos, os textos se cruzam, se completam e se modificam incessantemente, acompanhando o movimento de transformação do ser humano e suas formas de organização social.

É por meio de textos que convivemos com outras pessoas, próximas ou distantes, informando ou informando-nos, esclarecendo ou defendendo nossos pontos de vista, alterando a opinião de nossos interlocutores ou sendo modificados pela opinião deles. Por intermédio dos textos, inventamos histórias, relatamos nosso cotidiano, transmitimos nossos conhecimentos. É pelo texto que se expressa toda forma de opinião, de informação e nossa visão de mundo.

Mas não basta produzir ou receber textos. Neste mundo de diferentes linguagens e mídias, é preciso compreendê-los, relacioná-los, interpretá-los. A interpretação desses textos é essencial para nos tornarmos leitores competentes e nos inserirmos nas inúmeras práticas sociais de linguagem, seja navegando na internet, seja lendo um artigo científico ou uma história em quadrinhos, seja lendo gráficos, infográficos e tabelas.

Esta obra foi escrita com este objetivo: ajudá-lo a construir e desenvolver sua competência leitora e levá-lo a enfrentar com tranquilidade os desafios que se apresentam em sua vida escolar, preparando-o para leituras em diferentes disciplinas e, posteriormente, para exames oficiais, como a Prova Brasil, o Enem e os vestibulares.

Por meio de textos da atualidade, de diferentes gêneros e linguagens, você desenvolverá sua competência leitora, apropriando-se de diversas operações, como fazer inferências em um texto, comparar textos, relacionar um texto verbal e outro não verbal, estabelecer relações de causa e consequência, reconhecer a ideia principal e as ideias secundárias de um texto, perceber efeitos de ironia e humor, o uso de recursos expressivos da linguagem, etc.

Enfim, este livro foi elaborado para você, que está se preparando para enfrentar novos desafios, está sintonizado com a realidade do século XXI, é dinâmico, interessado e ávido por ler e interpretar todos os textos do mundo!

Sumário

CAPÍTULO 1

SER CIDADÃO 6
Artista plástico Kobra faz mural em homenagem às vítimas do novo coronavírus, Jornal Joca 6
Palavras em contexto 10
Texto e intertexto 11
150 anos de ferrovia. 450 anos de São Paulo, Nina Pandolfo e Osgemeos 11
Exercícios 13

CAPÍTULO 2

AMIGOS 20
O melhor amigo, Fernando Sabino 20
Palavras em contexto 25
Texto e intertexto 26
Foto, Federico Patellani 26
Exercícios 29

CAPÍTULO 3

LEITURAS 36
Apresentação do livro A princesa e o sapo, catálogo da Cia. das Letras 36
Palavras em contexto 39
Texto e intertexto 40
Tira, Biratan Porto 40
Exercícios 42

CAPÍTULO 4

VOU MUITO BEM, OBRIGADO! 50
Grrwol, Luis Fernando Verissimo ... 50
Palavras em contexto 54
Texto e intertexto 56
7 barulhos do corpo que podem indicar problemas de saúde, Danielle Reis 56
Exercícios 60

CAPÍTULO 5

NOSSA GENTE 70
Povos indígenas isolados e de recente contato, Funai 71
Palavras em contexto 75
Texto e intertexto 77
Gráfico – Total estimado de localidades indígenas – 2019 77
Exercícios 79

CAPÍTULO 6

MEIO AMBIENTE: NOSSA CASA 88
Entrevista com Sivan Ya'ari 88
Palavras em contexto 92
Texto e intertexto 93
Tartaruga resgatada com plástico no intestino é devolvida ao mar após tratamento, na PB, G1 93
Exercícios 96

CAPÍTULO 7

DESCOBERTAS 104
Empresa americana lança o cão robótico mais avançado do mundo, Veja 104
Palavras em contexto 108
Texto e intertexto 109
Conheça o trabalho de busca, resgate e salvamento com cães realizado pelo CBMGO, site do Corpo de Bombeiros de Goiás .. 109
Exercícios 113

CAPÍTULO 8

É NORMAL SER DIFERENTE 122
As mãos dos pretos, Luís Bernardo Honwana 122
Palavras em contexto 128
Texto e intertexto 129
Carta de Mary Tape para a Secretaria da Educação de San Francisco 129
Exercícios 132

CAPÍTULO 9

CONECTADOS 138
Mais de 60% dos jovens brasileiros acreditam que a internet contribui para o bullying, diz estudo, Jornal Joca 138
Palavras em contexto 142
Texto e intertexto 143
Infográfico – *Utilização da Internet* 143
Exercícios 145

CAPÍTULO 10

QUANTAS HISTÓRIAS... 154
Infância, Carlos Drummond de Andrade 154
Palavras em contexto 157
Texto e intertexto 158
Foto, Pierre Verger 158
Exercícios 160

BIBLIOGRAFIA 168

Capítulo 1

Ser cidadão

Você já reparou como as pessoas têm comportamentos e valores diferentes? Algumas se preocupam com o meio ambiente, outras poluem e destroem a natureza; algumas são solidárias, outras indiferentes aos problemas sociais; algumas procuram seguir normas sociais em benefício de todos, outras não querem nem saber... E você, como acha que é ou deveria ser?

Leia este texto:

Artista plástico Kobra faz mural em homenagem às vítimas do novo coronavírus

O artista plástico brasileiro Eduardo Kobra lançou, no dia 5 de abril, um mural de grafite para homenagear as vítimas do novo coronavírus ao redor do mundo. A obra, que retrata crianças de diferentes religiões — islamismo, budismo, cristianismo, judaísmo e hinduísmo — usando máscaras é uma mensagem para que as pessoas tenham esperança na cura da doença e respeitem as diferentes nações e religiões.

O mural faz parte de uma campanha organizada pelo artista com a Organização Não Governamental (ONG) IKMR (sigla que, em inglês, significa "eu conheço meus direitos"), que arrecada agasalhos, alimentos e produtos de higiene para moradores de rua e refugiados.

Os doadores podem oferecer de um a mil kits com objetos essenciais para as pessoas que serão beneficiadas e o mural será sorteado entre os que fizerem a doação máxima (ou seja, mil kits).

Além do mural, Kobra irá leiloar ao menos cinco outras obras e doar o dinheiro que arrecadar com as vendas para moradores de rua. O leilão será feito de forma virtual, de modo que os participantes não tenham que sair de casa.

(Disponível em: https://www.jornaljoca.com.br/artista-plastico-kobra-faz-mural-em-homenagem-as-vitimas-do-novo-coronavirus/. Acesso em: 15/6/2020.)

1 ▪ **Coronavírus** é uma família de vírus que causam infecções respiratórias. O novo agente do coronavírus (nCoV-2019) foi descoberto em 31/12/2019, após casos registrados na China. Em pouco tempo, espalhou-se pelo mundo, dando origem a uma pandemia, ou seja, a disseminação mundial da nova doença. Em 2020, o artista plástico brasileiro Eduardo Kobra produziu um novo trabalho em homenagem às vítimas da pandemia.

a) Que tipo de trabalho ele criou?
_____

b) O que esse trabalho retrata?
_____
_____

c) Que mensagem a obra transmite ao mundo?
_____
_____

QUEM É KOBRA?

Eduardo Kobra nasceu em 1975 na periferia de São Paulo. Começou sua carreira como pichador artístico, depois se tornou grafiteiro e hoje é um dos mais importantes muralistas da atualidade, com mais de quinhentos trabalhos realizados nas ruas do Brasil e em outros dezessete países dos cinco continentes.

Seu interesse pelas pinturas de *street art* tridimensionais começou em 2009 e seu primeiro trabalho do tipo foi feito na avenida Paulista, coração simbólico e financeiro de São Paulo. Depois, produziu diversos grafites ao redor do mundo, de festivais em Dubai, nos Emirados Árabes Unidos, a eventos nos Estados Unidos.

Conheça o trabalho do artista acessando o *site*: http://www.eduardokobra.com.

2 ▪ O mural integra uma campanha.

a) Quais são os criadores da campanha?
_____
_____

b) Qual é a tradução da sigla IKMR (I Know My Rights)?
_____

c) Qual é o objetivo da campanha?
_____
_____

d) Quem a campanha pretende beneficiar, principalmente?
_____
_____

e) De que forma os doadores participam da campanha?
_____
_____

3 ▪ De que forma o painel criado pelo artista plástico Kobra vai ajudar na campanha?
_____
_____

4. Além de doar o mural, Kobra ainda pretende contribuir de outra forma.

a) O que ele pretende fazer?

_____

b) Como essa outra iniciativa será executada?

_____
_____

c) Quem essa iniciativa pretende beneficiar?

_____

5. O painel de Kobra retrata crianças de diferentes religiões, nações e continentes.

a) Troque ideias com os colegas e tente descobrir, entre as cinco principais religiões do mundo — budismo, hinduísmo, cristianismo, islamismo e judaísmo —, a que religião cada uma das crianças está ligada.

_____
_____
_____

b) Levando em conta o contexto em que o painel foi produzido, responda: Que sentimentos e valores ele pode despertar nas pessoas?

_____
_____
_____

c) Considerando que também são cinco os continentes no mundo — América, Europa, África, Ásia e Oceania —, que outro sentido o painel de Kobra ganha?

_____
_____
_____

6. Troque ideias com os colegas: Campanhas como essa, encabeçada por Kobra e pela ONG IKMR, são importantes? Por quê?

7. Kobra é um artista urbano, que faz intervenções em espaços públicos, geralmente em grandes paredes de prédios. Com sua arte, consegue humanizar as cidades, resgatar um pouco de sua história e criar um sentimento de pertencimento entre os habitantes locais. Você já viu alguma intervenção artística desse tipo na cidade onde mora? Se sim, conte para seu professor e colegas onde viu e comente sua opinião a respeito.

Palavras em contexto

1 A sigla ONG significa organização não governamental.

a) Troque ideias com os colegas: O que é uma organização não governamental?

Logo/cartaz da ONG WWF, sigla de World Wide Fund for Nature.

b) Essas organizações têm ou não fins lucrativos?

c) De modo geral, qual é a finalidade de uma ONG?

d) Palavras como ONG e IKMR são siglas. De que modo as siglas são formadas?

e) Qual é a vantagem de usar uma sigla?

2 Dê o significado destas siglas, muito comuns em nosso dia a dia:

a) MEC:

b) ONU:

c) EUA:

d) RG:

e) OMS:

3 Observe estas palavras empregadas no texto: budismo, islamismo, cristianismo, hinduísmo, judaísmo.

a) O que elas apresentam em comum, quanto ao som e à escrita?

b) Qual é o sentido da partícula (sufixo) -ismo no final das palavras?

Texto e intertexto

Observe a imagem a seguir.

(Disponível em: http://www.osgemeos.com.br/pt. Acesso em: 25/6/2020.)

1 Em parceria com a Companhia Paulista de Trens Metropolitanos (CPTM), os artistas plásticos Osgemeos realizaram intervenções em várias estações de trem da cidade de São Paulo. Observe as informações que constam do grafite, principalmente na parte de baixo da imagem.

a) Quem colaborou e assinou a obra junto com Osgemeos?

_____

b) Em que ano a obra foi criada?

_____

c) A obra foi criada em comemoração a uma data. O que se comemorava nessa data?

_____

d) Na frente do trem, há um desenho em preto, vermelho, amarelo, azul e branco que é a bandeira de um Estado brasileiro. Qual é esse Estado?

_____

2 Observe o espaço da obra.

a) Qual espaço é retratado?

b) Pela imagem, o transporte é muito ou pouco utilizado?

3 Observe os personagens retratados no grafite.

a) Como são esses personagens?

b) O que mais se destaca nesse grupo humano?

4 Observe o homem que está acenando na janela da frente do trem.

a) Quem é ele?

b) Pela expressão facial e corporal, que sentimento ele expressa? Por quê?

5 Observe as cores que compõem a imagem. O que elas sugerem?

6 Compare a notícia que você leu no início deste capítulo, sobre o painel do artista Kobra, com o grafite realizado pelos irmãos Osgemeos. O que há em comum entre eles?

7 Compare o painel de Kobra ao painel de Osgemeos e troque ideias com os colegas:

a) Que semelhanças você nota entre eles?

b) E que diferenças podem ser apontadas?

Exercícios

Leia o texto a seguir.

Uso de celular por ciclistas provoca perigos no trânsito de Macapá

Sem legislação relacionada ao uso do aparelho na bicicleta, conscientização e respeito são fundamentais para segurança.

A bicicleta é um dos meios de transportes mais usados em **Macapá**, tanto para ir ao trabalho quanto para vender produtos e passear. No entanto, alguns ciclistas não respeitam e põem em risco a segurança de outras pessoas falando ao celular enquanto pedalam.

Nas ruas da cidade é comum avistar um ciclista pedalando com uma mão só no guidão, enquanto a outra segura o aparelho telefônico. Eles passam perto dos carros e cruzam avenidas. Um risco grande de acidente.

Quem já se deu mal foi o autônomo Edson Pantoja, que admitiu que já sofreu um acidente por estar falando ao celular ao mesmo tempo que guiava a bicicleta.

"Já aconteceu de eu me bater com outro ciclista no acostamento da rua. Tava usando aparelho. A gente dá uma parada às vezes, mas é do povo fazer isso aí", disse Panjota, um pouco envergonhado.

No entanto, ainda há pessoas conscientes. Exemplo do serviços gerais Edmilson Fernandes, que tem dois celulares e garante que só atende depois de parar em local seguro.

"Como é perigoso, tem que parar e falar com tranquilidade e com segurança", afirmou Fernandes.

No carro, por exemplo, dirigir falando ao celular é multa de R$ 130,00 reais e 4 pontos na carteira. Se tiver mandando mensagem, a multa mais que dobra, quase R$ 300,00 reais e 7 pontos. Mas ainda não existe legislação relacionada ao uso do celular na bicicleta.

Para a agente de trânsito da Companhia de Trânsito e Transportes de Macapá (CTMac) Lene Logo é importante o ciclista ter consciência do perigo que está colocando a própria vida e a de outras pessoas.

[...]

(Disponível em: https://g1.globo.com/ap/amapa/noticia/2020/01/26/uso-de-celular-por-ciclistas-provoca-perigos-no-transito-de-macapa.ghtml. Acesso em: 20/6/2020.)

1. Um dos meios de transporte mais usados em Macapá é:

a) o carro.

b) a bicicleta.

c) o transporte público.

d) o carro de aplicativo.

2. De acordo com a notícia, alguns ciclistas:

   a) usam o celular enquanto pedalam, colocando em risco a vida das pessoas.

   b) não usam celular em vias públicas.

   c) atendem chamadas e enviam mensagens com receio de levar multas.

   d) respeitam as leis que orientam os ciclistas.

3. O tema central abordado na notícia é:

   a) a bicicleta como meio de transporte mais utilizado em Macapá.

   b) a relação entre o celular e a bicicleta.

   c) como usar o celular pedalando.

   d) o uso de celular por ciclistas em Macapá.

4. Algumas das frases a seguir expressam fatos, e apenas uma delas expressa opinião. Indique-a.

   a) "é do povo fazer isso aí"

   b) "A bicicleta é um dos meios de transportes mais usados em Macapá"

   c) "é comum avistar um ciclista pedalando com uma mão só no guidão"

   d) "dirigir falando ao celular é multa de R$ 130 reais"

5. Um dos objetivos da notícia lida é:

   a) informar que a bicicleta é o transporte mais utilizado em Macapá.

   b) comparar a legislação para motoristas com a legislação para ciclistas.

   c) alertar sobre os perigos de pedalar utilizando telefone celular.

   d) comunicar o valor alto das multas aos usuários de bicicleta.

Leia o texto a seguir.

Capítulo XV – DAS INFRAÇÕES
Art. 252

Dirigir o veículo:

I – com o braço do lado de fora;

II – transportando pessoas, animais ou volume à sua esquerda ou entre os braços e pernas;

III – com incapacidade física ou mental temporária que comprometa a segurança do trânsito;

IV – usando calçado que não se firme nos pés ou que comprometa a utilização dos pedais;

V – com apenas uma das mãos, exceto quando deva fazer sinais regulamentares de braço, mudar a marcha do veículo, ou acionar equipamentos e acessórios do veículo;

VI – utilizando-se de fones nos ouvidos conectados a aparelhagem sonora ou de telefone celular;

Infração – média;
Penalidade – multa.

VII – realizando a cobrança de tarifa com o veículo em movimento: (*Incluído pela Lei nº 13.154, de 2015*)

Infração – média;
Penalidade – multa.

Parágrafo único. A hipótese prevista no inciso V caracterizar-se-á como infração gravíssima no caso de o condutor estar segurando ou manuseando telefone celular. (*Parágrafo único incluído pela Lei nº 13.281, de 2016*)

(Código de Trânsito Brasileiro. Disponível em: https://www.ctbdigital.com.br/artigo/art252. Acesso em: 25/6/2020.)

6. Pelas características do texto, pode-se concluir que se trata de:
   a) um conjunto de leis de trânsito.
   b) um texto de opinião.
   c) parte do código penal.
   d) um texto de divulgação científica.

7. Os atos enumerados — dirigir com o braço para fora, com pessoa, animal ou objeto entre as pernas, etc. — são vistos como infração porque:
   a) são leis estabelecidas pelo Estado.
   b) não podem ser modificados.
   c) podem causar acidentes.
   d) não são aceitos pela sociedade.

8. É considerado infração gravíssima o ato de dirigir:
   a) com os braços para fora.
   b) com sapatos inadequados.
   c) carregando animais ou pessoas entre as pernas.
   d) com uma das mãos e, com a outra, segurar ou manusear telefone celular.

9. O objetivo principal desse tipo de texto é:
   a) informar ao motorista os perigos no trânsito.
   b) estabelecer um conjunto de normas que evitem acidentes.
   c) descrever os acidentes que ocorrem no trânsito.
   d) punir os motoristas que não seguem os protocolos exigidos para dirigir nas grandes cidades.

10. O texto em análise é o artigo 252 do Código de Trânsito Brasileiro. Um artigo da lei costuma ser dividido em parágrafos e incisos. Os parágrafos são desdobramentos do artigo e são indicados com números arábicos; os incisos são desdobramentos do parágrafo e são indicados com algarismos romanos. No artigo lido, temos:
   a) 1 parágrafo e 7 incisos.
   b) 1 parágrafo e 8 incisos.
   c) 7 parágrafos e 1 inciso.
   d) 7 parágrafos e 2 incisos.

Leia o cartaz a seguir.

11. Cartazes como esse normalmente são vistos em:

a) hospitais.

b) locais públicos.

c) escolas.

d) supermercados.

12. O público-alvo do cartaz são:

a) principalmente, donos de cães que caminham pelas ruas com seus animais.

b) todos os que caminham em vias públicas.

c) donos de cães muito bravos.

d) donos de cães de porte médio e grande.

13. A frase "Para segurança de todos" expressa:

a) uma reclamação.

b) uma acusação.

c) um alerta.

d) um comentário.

14. O uso de guias no cão é importante porque evita que ele:

a) se perca do dono.

b) seja atropelado.

c) seja roubado.

d) avance em alguém.

15. Coletar os dejetos deixados na rua pelo animal de estimação é:

    a) opcional para todos os cidadãos.

    b) indiferente para os cidadãos.

    c) uma atitude não fundamental para a maioria da população.

    d) obrigatório para quem pretende ter uma atitude de respeito à cidade.

16. A cor vermelha do cartaz reforça a ideia de:

    a) alerta.   b) alegria.   c) atenção.   d) obstáculo.

17. Na imagem há dois círculos, um deles cortado por um traço. Esse traço indica:

    a) avance.   b) cuidado.   c) proibido.   d) possível.

Leia o texto a seguir.

> O chefe desceu na fábrica e tinha uma máquina parada.
> — Cadê o operador dessa máquina?
> E o colega:
> — Deu uma saidinha.
> O chefe ficou furioso. Esperou o operador voltar e perguntou berrando:
> — Onde você estava?
> — Fui cortar o cabelo — disse calmamente.
> E o chefe:
> — Cortar o cabelo? Na hora do expediente?
> E o operário:
> — Ué... ele cresceu não foi na hora do expediente?
>
> (Ziraldo. *Mais anedotinhas do Bichinho da Maçã*. 10. ed. São Paulo: Melhoramentos, 1993. p. 31.)

18. Pelas características do texto, trata-se de:

    a) uma fábula moderna.
    b) uma piada.
    c) uma crônica humorística.
    d) um miniconto.

19. A finalidade principal de textos como esse é proporcionar ao leitor:

    a) surpresa.   b) expectativa.   c) humor.   d) espanto.

20. O humor do texto está no fato de o operador da máquina:

    a) querer cortar o cabelo.

    b) ser repreendido pelo dono da fábrica.

    c) perceber que o chefe ficou furioso.

    d) ir cortar o cabelo na hora do expediente, alegando que ele cresceu durante o trabalho.

Leia o texto a seguir.

(Disponível em: http://www.arionaurocartuns.com.br/2018/11/charge-cidadania-lixo-na-rua.html. Acesso em: 25/6/2020.)

21. O tema central abordado na tira é:

   a) cidadania e meio ambiente.

   b) saúde pública e direção no trânsito.

   c) mobilidade urbana e cidadania.

   d) relacionamento social e meio ambiente.

22. O humor dos quadrinhos está:

   a) no comportamento nervoso do professor.

   b) nas falsas consequências de jogar lixo nas ruas.

   c) na incoerência entre a teoria e a prática.

   d) no fato de o palestrante ter uma postura pouco ecológica em aula.

23. Observe a reação das pessoas que estão assistindo à palestra, no primeiro quadrinho, e das duas pessoas, no segundo quadrinho. Elas estão, respectivamente:

   a) atentas ao palestrante e nervosas com a atitude do motorista-palestrante.

   b) decepcionadas com o palestrante e contentes com a atitude do motorista-palestrante.

   c) atentas e interessadas na palestra e indignadas com o motorista-palestrante.

   d) indiferentes ao palestrante e ao motorista-palestrante.

24. É correto afirmar que o cartum:

   a) descreve fatos com imparcialidade.

   b) critica e ironiza o comportamento contraditório de algumas pessoas.

   c) descreve fatos cotidianos de uma grande cidade.

   d) relata acontecimentos históricos de um país.

Leia o texto:

EDIÇÕES IMPRESSAS 15 DE MAIO DE 2020

Cartas dos leitores   Edição 149
Sugestões, críticas, elogios e comentários sobre o jornal *Joca*

Prezados editores do jornal **Joca**,

queria parabenizá-los pela publicação da reportagem "Luz e Água para a África", da edição 145. Achei muito bonita a iniciativa da organização Innovation: África, que leva água limpa e energia para as aldeias da África. Fiquei pasma em saber que tantas pessoas no continente não têm energia em suas moradias nem água limpa para beber. É muito bom as pessoas saberem disso e se conscientizarem do tamanho da pobreza que existe na África. São pessoas como essas da organização que realmente fazem a diferença no mundo.

Parabéns pelo trabalho!
Agradeço a atenção!
Mariana R., 13 anos

(Disponível em: https://www.jornaljoca.com.br/carta-dos-leitores-edicao-149/. Acesso em: 25/6/2020.)

25. Pelas características do texto, pode-se inferir que se trata de:

a) uma notícia sobre ajuda humanitária feita na África.

b) uma carta de leitor que parabeniza uma publicação do jornal.

c) uma carta pessoal dirigida a Mariana R.

d) uma carta de elogio feito a Mariana R. pela qualidade de seu trabalho.

26. O texto faz ao jornal:

a) uma reclamação por causa da falta de notícias sobre a África.

b) uma crítica negativa à matéria publicada sobre a África.

c) um comentário impessoal, destacando o papel da imprensa na sociedade.

d) um elogio à qualidade da matéria publicada na edição 145.

27. O texto segue a estrutura convencional das cartas, com os seguintes elementos:

a) vocativo, corpo da carta, agradecimento, assinatura.

b) texto, agradecimento, assinatura, vocativo.

c) agradecimento, assinatura, corpo da carta, vocativo.

d) assinatura, vocativo, corpo da carta, agradecimento.

Capítulo 2

Amigos

Como é bom ter amigos! Amigos com quem brincar ou estudar; amigos para jogar e dar risadas; amigos para ser feliz... Mas será que nossos amigos precisam ser sempre gente como nós? Um animal, por exemplo, também pode ser nosso amigo?

Leia este texto:

O melhor amigo

A mãe estava na sala, costurando. O menino abriu a porta da rua, meio ressabiado, arriscou um passo para dentro e mediu cautelosamente a distância.

Como a mãe não se voltasse para vê-lo, deu uma corridinha na direção de seu quarto.

— Meu filho? — gritou ela.

— O que é? — respondeu, com ar o mais natural que lhe foi possível.

— Que é que está carregando aí?

Como podia ter visto alguma coisa, se nem levantara a cabeça? Sentindo-se perdido, tentou ganhar tempo:

— Eu? Nada...

— Está sim. Você entrou carregando uma coisa.

Pronto: estava descoberto. Não adiantava negar, o jeito era procurar comovê-la. Veio caminhando desconsolado até a sala, mostrou à mãe o que estava carregando:

— Olha aí, mamãe: é um filhote...

Seus olhos súplices aguardavam a decisão.

— Um filhote? Onde é que você arranjou isso?

— Achei na rua. Tão bonitinho, não é, mamãe?

Sabia que não adiantava: ela já chamava o filhote de ISSO. Insistiu ainda:

— Deve estar com fome, olha a carinha que ele faz.

— Trate de levar embora esse cachorro agora mesmo!

— Ah! Mamãe... — já compondo cara de choro.

— Tem dez minutos para botar esse bicho na rua. Já disse que não quero animais aqui em casa. Tanta coisa para cuidar, Deus me livre de ainda inventar uma amolação dessas.

O menino tentou enxugar uma lágrima, não havia lágrima.

Voltou para o quarto emburrado: a gente também não tem nenhum direito nessa casa — pensava. Um dia ainda faço um estrago louco. Meu único amigo, enxotado dessa maneira!

— Que diabo também, nessa casa tudo é proibido! — gritou lá do quarto, e ficou esperando a reação da mãe.

— Dez minutos! — repetiu ela, com firmeza.

— Todo mundo tem cachorro, só eu que não tenho.

— Você não é todo mundo.

— Também, de hoje em diante eu não estudo mais, não vou mais ao colégio, não faço mais nada.

— Veremos — limitou-se a mãe, de novo distraída com a costura.

— A senhora é ruim mesmo, não tem coração.

— Sua alma, sua palma.

Conhecia bem a mãe, sabia que não havia apelo: tinha dez minutos para brincar com seu novo amigo, e depois... Ao fim de dez minutos, a voz da mãe, inexorável:

— Vamos, chega! Leva esse cachorro embora.

— Ah, mamãe, deixa! — choramingou ainda. — Meu melhor amigo, não tenho mais ninguém nessa vida...

— E eu? Que bobagem é essa, você não tem a sua mãe?

— Mãe e cachorro não é a mesma coisa.

— Deixa de conversa: obedece a sua mãe.

Ele saiu, e seus olhos prometiam vingança.

A mãe chegou a se preocupar: meninos nessa idade, uma injustiça praticada e eles perdem a cabeça, um recalque, complexos, essa coisa toda...

Meia hora depois, o menino voltava da rua, radiante:

— Pronto, mamãe!

E lhe exibia uma nota de vinte e uma de dez: havia vendido seu melhor amigo por trinta dinheiros.

— Eu devia ter pedido cinquenta, tenho certeza de que ele dava — murmurou pensativo.

(Fernando Sabino. *A vitória da infância*. São Paulo: Ática, 2008. p. 35.)

QUEM É FERNANDO SABINO?

O escritor e jornalista brasileiro Fernando Sabino (1923-2004) nasceu em Belo Horizonte e atuou como jornalista e cronista em jornais mineiros e cariocas.

Publicou crônicas, contos, romances e novelas. Dentre suas obras, destacam-se *O encontro marcado* e *O homem nu*.

1. O texto narra um acontecimento comum na vida de muitas famílias: a possível adoção de animais.

    a) No primeiro parágrafo, por que o menino pensa que a mãe não tinha notado que ele havia entrado com um filhote escondido nas mãos?

    b) Justifique sua resposta com base no pensamento do menino.

2. Diante da firmeza da mãe, o menino tenta comovê-la.

    a) De que modo ele faz isso?

    b) Por que tinha importância, naquele momento, dizer à mãe que o animal era um "filhote"?

3. O menino diz que o cachorro é bonitinho e tem uma carinha de fome. A mãe, por sua vez, chama o cachorro de **isso**.

a) Interprete: O que os diminutivos demonstram em relação ao menino?

b) O que a palavra **isso**, empregada pela mãe, expressa naquela situação?

c) Identifique outros dois termos pejorativos que a mãe utiliza para se referir ao filhote, no decorrer do texto.

4. No trecho "Ao fim de dez minutos, a voz da mãe, inexorável", do texto, qual é o sentido da palavra **inexorável**?

a) brava
b) implacável
c) carinhosa
d) piedosa
e) irritada

5. A mãe dá dez minutos ao menino para ele se livrar do filhote. O menino diz: "de hoje em diante eu não estudo mais, não vou mais ao colégio, não faço mais nada".

a) Como você interpreta esse comentário do garoto?

b) A mãe, firme em seu propósito, responde: "Sua alma, sua palma". Levando em conta o contexto, explique: O que a mãe quis dizer com esse ditado popular?

6. O narrador brinca com as palavras para descrever a atitude final do menino ao vender o filhote por "trinta dinheiros". Leia o boxe "Judas e os trinta dinheiros" e depois responda: Que semelhança há entre as duas histórias?

JUDAS E OS TRINTA DINHEIROS

A expressão **trinta dinheiros** é frequentemente usada para designar traição. Isso porque, de acordo com a Bíblia, Judas Iscariotes, um dos doze apóstolos de Cristo, entregou, em troca de 30 moedas de prata, seu mestre e amigo àqueles que o perseguiam.

Judas beija Jesus, no detalhe da pintura *O beijo de Judas*, de Giotto.

7. Sem demonstrar, a mãe, em certo momento, chega a ficar preocupada com as possíveis reações do filho, como ter recalques e complexos. Essas preocupações, no final, se confirmam? Explique.

____

8. O título do texto é "O melhor amigo".

a) O filhote, de fato, era o melhor e único amigo do menino? Justifique sua resposta com base em um trecho do texto.

____

b) Leia o boxe "A ironia: o avesso do avesso" e conclua: O título do texto é irônico? Por quê?

____

c) Como você agiria se estivesse no lugar do menino? Faria o mesmo que ele fez ou não? Por quê?

____

9. Em algum momento, já aconteceu de você querer um animal e sua família não aceitar? Conte para os colegas como foi.

> **A IRONIA: O AVESSO DO AVESSO**
>
> A **ironia** é um recurso de linguagem por meio do qual se diz algo dando a entender o contrário.
>
> Por exemplo, o patrão está sendo irônico quando o funcionário chega atrasado ao trabalho e ele diz: "Madrugou hoje?". Na realidade, ele quer dizer "Isso são horas de chegar?".

Palavras em contexto

1 Às vezes, o narrador introduz em sua fala o pensamento da personagem sem fazer indicações. Observe como essa técnica ocorre neste trecho do texto:

> "Ele saiu, e seus olhos prometiam vingança.
> A mãe chegou a se preocupar: meninos nessa idade, uma injustiça praticada e eles perdem a cabeça, um recalque, complexos, essa coisa toda..."

a) Até onde vai a fala do narrador, no trecho?

b) Onde começa o pensamento da mãe?

2 No trecho:

> "O menino tentou enxugar uma lágrima, não havia lágrima.
> Voltou para o quarto emburrado: a gente também não tem nenhum direito nessa casa — pensava. Um dia ainda faço um estrago louco. Meu único amigo, enxotado dessa maneira!"

a) De quem é a fala "O menino tentou enxugar uma lágrima, não havia lágrima"?

b) A quem você atribui as frases "Um dia ainda faço um estrago louco. Meu único amigo, enxotado dessa maneira!"?

Texto e intertexto

Observe com atenção a foto a seguir, de Federico Patellani, e responda às questões propostas.

Federico Patellani © Studio Federico Patellani - Regione Lombardia/Museu de Fotografia Contemporânea, Cinisello Balsamo, Milão, Itália.

1 A foto retrata, no primeiro plano, um grupo de crianças e pré-adolescentes.

a) Quantas crianças aparecem na foto, ao todo? Qual é a idade delas?
_____
_____
_____

b) Quantos pré-adolescentes há na foto? Qual é a idade deles?
_____
_____
_____

c) O que as crianças e o menino maior estão fazendo?
_____
_____
_____

d) Como estava o dia?
_____
_____
_____

e) Levante hipóteses: Que vínculo pode haver entre as pessoas retratadas? Justifique sua resposta.

2 A foto foi tirada em 1947, em Puglia, uma região pobre do sul da Itália.

a) Como é o lugar onde estão as pessoas retratadas?

b) As pessoas estão à vontade nesse lugar? Justifique sua resposta.

c) Parece haver riscos no lugar onde as pessoas estão? Se sim, que tipo de risco?

d) As pessoas aparentam ser de família rica ou pobre? Justifique sua resposta com elementos da foto.

e) Faça um cálculo matemático: Que idade as pessoas da foto teriam hoje, aproximadamente?

QUEM É FEDERICO PATELLANI?

Federico Patellani (1911–1977) é considerado um dos principais fotógrafos italianos do século XX.

Começou a se interessar por fotografia cedo, depois de ganhar do pai uma máquina fotográfica e aprender a revelar as próprias fotos em casa. Ainda jovem mostrou interesse também por pintura, literatura e cinema e participou da produção de alguns filmes.

Na Segunda Guerra Mundial (1939–1945), destacou-se como fotógrafo de guerra, dando início ao fotojornalismo na Itália.

Patellani fotografou na Itália e em diferentes partes do mundo, como na África e na América. Seus temas são variados e vão de problemas sociais até cenas do cotidiano.

3 Observe o olhar e a expressão das crianças que estão sobre o carrinho.

a) Para onde elas estão olhando? Levante hipóteses: O que poderiam estar vendo?

_____
_____
_____

b) Levante hipóteses: Por que o menino maior segura a cabeça de uma das crianças?

_____
_____
_____

c) Como as crianças se sentiam nesse momento? Justifique sua resposta.

_____

4 Observe que, em segundo plano, há outras pessoas na foto: uma menina que vem ao encontro do carrinho e uma pessoa adulta, ao fundo, perto do arco. Levante hipóteses:

a) O que a menina devia estar pensando ou desejando nesse momento?

_____
_____
_____

b) O que a pessoa adulta está fazendo? Ela parece se importar com a brincadeira das crianças?

_____
_____
_____

5 Compare o texto "O melhor amigo", de Fernando Sabino, com a fotografia de Federico Patellani. Aponte:

a) ao menos uma semelhança entre os textos.

_____

b) ao menos uma diferença entre os textos.

_____
_____

Exercícios

Leia o poema a seguir, de Roseana Murray, e responda às questões 1 a 5.

Amigo

No rumo certo do vento,
amigo é nau de se chegar
em lugar azul.
Amigo é esquina
onde o tempo para
e a Terra não gira,
antes paira,
em doçura contínua.
Oceano tramando sal,
mel inventando fruta,
amigo é estrela sempre
no rumo certo do vento,
com todas as metáforas,
luzes, imagens
que sua condição de estrela contém.

(*Poemas de céu*. São Paulo: Paulinas, 2009. p. 15.)

1. No poema, o eu lírico descreve:

a) de forma positiva, abstrata e poética, o que é ser amigo.

b) de forma negativa, direta e concreta, o que é ser amigo.

c) de forma impessoal, o que é ser amigo.

d) a sua relação com um amigo distante.

2. Por que, no poema, há repetição da palavra **amigo**?

a) Para não dar ritmo e musicalidade ao poema.

b) Para enfatizar e ampliar a definição de **amigo**.

c) Para dar beleza e humor ao poema.

d) Para emocionar o leitor.

3. Para definir o que é amigo, são utilizadas várias **metáforas**. Leia o boxe "O que é metáfora?" e indique o verso que **não** constitui metáfora.

a) "Amigo é nau de se chegar"

b) "Amigo é esquina"

c) "No rumo certo do vento"

d) "Oceano tramando sal"

O QUE É METÁFORA?

Metáfora é uma figura de linguagem ou um recurso de expressão no qual uma palavra é usada com o sentido de outra, sendo possível estabelecer entre elas uma relação de analogia, explícita ou implícita.

Neste verso de Dominguinhos "Pra mim tu és a estrela mais linda", por exemplo, a expressão **estrela mais linda** constitui uma metáfora, já que indica, por analogia, a semelhança entre a pessoa amada e a estrela (beleza, brilho, atração, etc.).

4. No poema, o eu lírico (isto é, a voz que fala no poema) compara o amigo a:

a) rumo, vento, lugar, Terra, sal.
c) rumo, doçura, fruta, metáfora, luzes.
b) nau, esquina, oceano, mel, estrela.
d) nau, vento, sal, fruta, luzes.

5. O grande número de metáforas empregadas no poema pode ser resultado de:

a) uma tentativa de elogiar o amigo com as qualidades que ele tem de melhor.
b) uma dificuldade de explicar de forma objetiva o que é um amigo.
c) uma forma de desviar o assunto principal.
d) uma forma de explicar de modo objetivo e concreto o que é um amigo.

Observe com atenção este cartum de Toni D'Agostinho:

6. A cena retratada ocorre num campo de futebol. O cachorro que aparece no 1º quadrinho parece pertencer:

a) a um desconhecido.
c) ao goleiro com a camisa de número 1.
b) ao atacante.
d) ao goleiro e ao atacante.

7. Justifica sua resposta anterior o fato de o cão:

   a) querer ver o chute de perto.

   b) geralmente acompanhar o dono.

   c) ser entendido em futebol.

   d) atrapalhar o adversário e favorecer o seu dono.

8. Como é próprio do gênero, o humor do cartum resulta de uma quebra de expectativa, ou seja:

   a) o cão faz carinhos em seu dono em pleno jogo.

   b) o cão agride o adversário para favorecer o seu dono.

   c) revela-se a estratégia usada pelo dono do animal para neutralizar o adversário.

   d) o cão comemora o gol feito pelo atacante.

9. Na última cena, o olhar do goleiro expressa:

   a) raiva, decepção.

   b) alegria.

   c) medo.

   d) astúcia.

Leia a reportagem a seguir.

'Galo Edmundo' é adotado por criança de 5 anos e vira o melhor amigo do garoto em Fortaleza

Criado por Pedro Vinícius desde dezembro do ano passado, o galo se tornou um membro da família da criança.

Uma amizade inusitada uniu o pequeno Pedro Vinicius e o galo Edmundo desde o fim do ano passado. A criança, que tem cinco anos e mora em Fortaleza, resolveu criar o animal após ganhá-lo, ainda pintinho, de presente de uma tia. Depois disso, foi capaz de se afeiçoar a cada dia, transformando-o quase em um membro da família.

"Ele é o meu melhor amigo", afirma com alegria o garoto quando questionado sobre a importância do pequeno frango. Se antes Edmundo era "pequeninho e amarelinho", como Vinicius gosta de contar, hoje o animal já está grande. Mas o amor só aumenta. Quando o assunto é definir o tamanho e até onde vai o sentimento pelo Ed, Vini, como é apelidado, não hesita. "Vai até o espaço, até a lua e até o sol". Segundo a mãe da criança, Carol Benevides, o fortalecimento da amizade com o passar do tempo não foi uma grande surpresa.

"O Vini adora animais e aqui a gente tem muitos bichinhos. Já vinha um tempo que ele pedia um pintinho e a gente relutava porque já tinha muitos aqui em casa. Quando foi a última vez que ela (tia) esteve aqui, porque ela mora em São Paulo, ela não resistiu e presenteou. Eu achei que ele nem iria resistir, de tão pequeninho que era, mas deu nisso tudo. Eles não se desgrudaram mais", explica.

Na casa, dois cachorros já são criados há algum tempo e, exatamente por isso, a preocupação com o crescimento de Edmundo começou a se tornar presente.

No início do ano, a ideia seria colocar o frango para viver em um sítio, localizado a poucos metros do condomínio onde vive a família de Pedro Vinicius. No entanto, o resultado não foi bem o esperado.

"Me vi com a problemática da casa pequena. Como ele cresceu muito, não tinha mais como continuar aqui no condomínio. Então a gente tentou dar para um sítio aqui no final da rua, porque lá tem um galinheiro, muitos bichos. A ideia era ir todo fim de tarde até lá visitá-lo. O Vini chorou no começo, mas explicamos que todo dia ele poderia visitar. Mesmo assim o Edmundo não conseguiu se adaptar e só ficou por lá quatro dias", diz Carol.

O animal não se adaptou ao local, nem aos novos companheiros de sítio. A família conta que o franguinho só se alimentava quando o menino chegava ao galinheiro para visitá-lo e também se distanciou das aves, ficando perto das vacas. Com a situação, resolveram levá-lo de volta.

Por conta disso, o animal foi parar na casa da avó da criança, que também vive nas proximidades. Agora, como Vinicius passa as tardes lá, a amizade entre os dois conseguiu ser mantida. No dia a dia, passou a ensinar ao bicho como se exercitar e faz com que ele obedeça comandos simples.

"A primeira coisa que eu ensinei a ele foi a fingir de morto. Eu ando com ele de carrinho (de bebê do irmão caçula), de caminhão", diz.

Para a mãe, a esperança é que o laço dure ainda por muito tempo. "Pesquisei e vi que eles vivem pelo menos 12 anos", afirma aos risos. Enquanto isso, Pedro Vinicius deve continuar a incluir Edmundo na rotina da família, como no dia em que levou o galo até a praia. "O meu sonho é ter uma fazenda para criar o Edmundo e não ter mais nenhum bicho, só ele", brinca o pequeno, sem esquecer de colocar o amigo nos planos futuros.

(Disponível em: https://g1.globo.com/ce/ceara/noticia/2020/03/29/galo-edmundo-e-adotado-por-crianca-de-5-anos-e-vira-o-melhor-amigo-do-garoto-em-fortaleza.ghtml. Acesso em: 28/6/2020.)

10. A ideia central do texto é:

a) o galo não se adapta a morar em um sítio.

b) a família mora em uma casa pequena, em condomínio.

c) a amizade inusitada entre um menino e um galo.

d) o sonho de um menino de ter uma fazenda.

11. Agora, o galo não pode mais ficar com o menino porque:

a) cresceu muito e a casa era inadequada para o animal.

b) havia cachorros no apartamento.

c) a mãe não gostava de galos.

d) o menino gostava do animal filhote.

12. A frase dita pelo menino "Ele é o meu melhor amigo" é:

a) um fato, pois o menino não tem amigos de verdade.

b) uma opinião, porque não se pode ter amigos que sejam animais.

c) um fato, porque o galo pertence a todos da família.

d) uma opinião do menino, pois é o modo como ele percebe a relação com o bicho.

13. A consequência de levar o galo para um sítio foi:

    a) a família sentiu muita falta do galo.

    b) a ave não reconhecia mais o menino.

    c) além de parar de comer, o galo se afastou de outras aves.

    d) o galo começou a achar que era uma vaca.

14. A frase que demonstra uma preocupação da mãe em relação à amizade do menino com o galo é:

    a) "A primeira coisa que eu ensinei a ele foi a fingir de morto".

    b) "Pesquisei e vi que eles vivem pelo menos 12 anos".

    c) "Meu sonho é ter uma fazenda para criar o Edmundo".

    d) "o fortalecimento da amizade com o passar do tempo não foi uma grande surpresa".

Leia a tira de Alexandre Beck a seguir.

15. Observe as imagens. Armandinho parece estar falando com:

    a) uma mulher adulta que passeia com seu cão.

    b) uma menina pequena.

    c) um homem e seu cão.

    d) um menino que passeia com seu cão.

16. O humor da tira resulta de:

    a) Armandinho achar que o sapo é o melhor amigo do ser humano e desconsiderar a interação entre o cão e o ser humano.

    b) haver um encontro de Armandinho com uma mulher que passeia com o seu cão.

    c) Armandinho, sendo uma criança, fazer uma crítica aos adultos por causa de uma suposta amizade pelos cães "por interesse".

    d) Armandinho não gostar de cães.

Leia o anúncio publicitário a seguir.

(Disponível em: https://www.govserv.org/BR/Lençóis-Paulista/280535269045144/ Coordenadoria-de-Proteção-Animal-de-Lençóis-Paulista. Acesso em: 28/5/2020.)

17. Um dos recursos linguísticos usados no texto como estratégia de persuasão, isto é, de convencimento, é:

a) destacar a figura de cão filhote.

b) enfatizar que se trata de um cão.

c) colocar o cão como enunciador do texto, em 1ª pessoa, dirigindo-se diretamente ao interlocutor-leitor.

d) fotografar um cão saudável, a fim de sensibilizar as crianças.

18. O efeito de sentido criado pela repetição da frase "sou um cão para sempre" é:

a) o reforço da ideia de que o animal não pode ser abandonado, independentemente do motivo.

b) a demonstração de que se trata de um animal imortal.

c) a afirmação de que os animais não devem ser adotados em nenhuma hipótese.

d) a afirmação de que devem ser adotados apenas animais que sejam filhotes.

19. A frase "Não sou um cão até [...]", que aparece várias vezes no texto, apresenta argumentos que demonstram:

a) dificuldades para adotar cães.

b) facilidades de adoção canina.

c) alguns motivos para adotar um filhote.

d) alguns motivos pelos quais se abandonam os cães adotados.

20. O locutor se dirige:

a) a todas as pessoas.

b) às crianças somente.

c) a todos que desejam adotar um animal de estimação.

d) aos adultos somente.

21. O texto integra uma campanha feita pela Coordenadoria de Proteção Animal da cidade de Lençóis Paulista, no interior do Estado de São Paulo, e tem o objetivo de:

a) aumentar o número de adoções caninas.

b) conscientizar as pessoas de suas responsabilidades, antes de adotar o animal, evitando o abandono.

c) relatar como vivem os cães de rua e, com isso, estimular as adoções.

d) demonstrar como se faz a adoção de um cão, mostrando inúmeras possibilidades.

22. Observe algumas formas verbais que complementam a frase "Não sou um cão":

- "Até que te **aborreças**"
- "Até que **tenha** que mudar de casa"
- "Até que **encontre** um novo cachorro"

Essas formas verbais, que pertencem ao presente do subjuntivo, apresentam o sentido de:

a) uma ordem ou um pedido.

b) uma ação que continua, que ainda não se concluiu.

c) uma ação que, com certeza, ocorre no presente.

d) uma ação hipotética, possível.

23. Na parte inferior do anúncio, lemos:

"Se não me podes prometer PARA SEMPRE... NÃO PODEREI SER O TEU CÃO"

Para ser o cão do interlocutor, o animal impõe:

a) um desejo, expresso pela palavra **sempre**.

b) uma ordem, sugerida pela expressão **não poderei**.

c) uma condição, expressa pela palavra **se**.

d) uma hipótese, sugerida pela expressão **o teu cão**.

Capítulo 3

Leituras

Com o avanço das tecnologias da informação, muita gente achava que o hábito de ler seria abandonado. No entanto, a leitura nunca esteve tão em alta: a internet acabou ampliando o número de leitores, que buscam os mais diferentes gêneros textuais e os leem em diferentes suportes — livros, revistas, jornais (digitais e impressos), *sites* e *blogs*. E você, o que gosta de ler?

Leia o texto a seguir.

Com seus quadrinhos hipercoloridos e seu humor irônico, Will Eisner consegue criar uma nova versão para o conto de fada recolhido pelos irmãos Grimm e que vem sendo contado há séculos.

Reprodução/Companhia das Letrinhas

Apresentação

Era uma vez um príncipe que foi enfeitiçado por uma velha corcunda e virou sapo, sendo então obrigado a deixar o castelo onde morava. Em busca de uma residência mais adequada à sua nova condição, acabou se estabelecendo no poço de um outro castelo, junto ao qual uma princesinha costumava brincar com sua bola de ouro. Um dia ela deixou a bola cair dentro do poço e o sapo se ofereceu para tirá-la de lá; em troca, a princesa teria de beijá-lo. Ela disse que aceitava e a história tem final feliz, como se sabe. Mas o caminho até ele não chega a ser cor-de-rosa, pois Will Eisner transforma esse conto de fadas num pequeno estudo da ironia. A graça maior de seus personagens talvez esteja no pragmatismo com que enfrentam as situações. A princesa, por exemplo, só dá um beijinho no sapo depois de muita repugnância, e ainda assim revela um prudente ceticismo ao vê-lo adquirir a forma humana: "Pode ser outro passe de mágica... E se você virar um cachorro ou um gato?". Eisner consegue criar uma versão realmente nova para uma história que vem sendo contada há séculos.

(Disponível em: https://www.companhiadasletras.com.br/detalhe.php?codigo=11031. Acesso em: 2/7/2020.)

1. O texto lido é a apresentação de um livro.

   a) Qual é o livro?
   _____

   b) Quem é o autor?
   _____

2. O livro se baseia em um conto maravilhoso muito conhecido contado há séculos.

   a) Qual é o conto?
   _____

   b) Quem são os autores do conto original?
   _____

3. Qual é a inovação de Will Eisner, nessa nova versão?
   _____
   _____
   _____
   _____

4. Observe o início do texto:

   > "Era uma vez um príncipe que foi enfeitiçado [...]. Ela disse que aceitava e a história tem um final feliz, como se sabe."

   Qual é o objetivo do texto ao descrever o enredo do conto dos irmãos Grimm?
   _____
   _____
   _____
   _____

5. Releia este trecho:

> "Com seus quadrinhos hipercoloridos e seu humor irônico, Will Eisner consegue criar uma nova versão para o conto de fada recolhido pelos irmãos Grimm e que vem sendo contado há séculos."

Identifique no texto um trecho que exprima:

a) uma opinião;

_____
_____

b) um fato.

_____
_____

6. Na versão de Will Eisner, a princesa faz o seguinte comentário:

> "Pode ser outro passe de mágica... E se você virar um cachorro ou um gato?"

a) O que demonstra esse comentário?

_____
_____
_____
_____

b) Que sentimento parece externar?

_____
_____

7. Releia o trecho:

> "Eisner consegue criar uma versão realmente nova para uma história que vem sendo contada há séculos."

Destaque a palavra que demonstra uma **avaliação**, isto é, um posicionamento do autor do texto a respeito do que está dizendo.

_____

8. Você conhece outras versões modernas de contos maravilhosos? Se sim, conte para os colegas. Cite qual é o conto e descreva as diferenças entre as duas versões.

Palavras em contexto

1 A que a expressão **Era uma vez...** remete o leitor?

_____
_____

2 Consulte um dicionário e, considerando o contexto, indique o que se entende por:

a) pragmatismo;

_____
_____

b) ceticismo.

_____
_____

3 No contexto, o que quer dizer a expressão **cor-de-rosa**?

_____
_____

4 A que se refere a expressão **como se sabe**?

_____
_____
_____

5 Que sentido expressam as reticências no trecho abaixo?

> "Pode ser outro passe de mágica... E se você virar um cachorro ou um gato?"

_____
_____

6 Observe a palavra **hipercolorido**:

a) Qual é o sentido da partícula **hiper** dessa palavra?

_____

b) Que outras palavras você conhece que também são formadas com **hiper**?

_____
_____

Texto e intertexto

Leia o texto a seguir.

(Disponível em: http://redecomics.com.br/Desenho/120089/biratan-porto. Acesso em: 22/7/2020.)

1 O texto estabelece relação com um conto maravilhoso conhecido. Qual?

2 No 1º quadrinho, a princesa vê um sapo na lagoa. O que ela pensa?

3 Observe o 2º quadrinho.

   a) O que indica a onomatopeia **PLIM**?

   b) O príncipe atendeu às expectativas da princesa? Por quê?

4 O humor da história se concentra no último quadrinho.

   a) Por quê?

   b) A onomatopeia **PLOP! PLOP!** confirma sua resposta? Por quê?

5 Compare a apresentação do livro *A princesa e o sapo* à charge que acabou de ler.

   a) O que há em comum entre esses dois textos?

   b) O que há de diferente entre eles?

Exercícios

Leia este texto e responda às questões 1 a 6.

Entrevista com Ruth Rocha é destaque no Dia das Crianças

Renomada autora de literatura infantil abre o coração nesse especial

A TV Brasil apresenta uma entrevista exclusiva com a escritora Ruth Rocha neste sábado (12), ao meio-dia, na programação especial da emissora pública para o Dia das Crianças. Aos 88 anos, a premiada autora demonstra vitalidade para novos desafios literários.

Considerada um dos principais nomes da literatura infantil no país, a convidada está há mais de cinco décadas em atividade. Ruth Rocha superou a marca de 200 livros publicados, tem milhões de títulos vendidos e reúne inúmeros leitores que admiram sua obra.

Ruth Rocha recebeu a equipe da TV Brasil em sua residência, em São Paulo, para um papo sobre sua trajetória no universo literário e a importância da leitura para as novas gerações.

Na entrevista, a escritora diz que é preciso conversar com as crianças pois elas entendem mais do que se imagina. A autora conta que entende e gosta de falar para as crianças de ontem e de hoje.

Ruth Rocha também destaca a importância do professor na formação do público leitor. "O professor deve ler o livro antes e, se gostar, ler para os alunos. Todos têm que gostar para dar certo", sugere a veterana que adora ler e continua lendo de tudo.

Reverenciada pela crítica e pelo público, a autora foi reconhecida com diversos prêmios como o Jabuti. Ruth Rocha tem uma legião de fãs que cresceram lendo as suas histórias em livros que marcaram época e fazem sucesso até hoje como os clássicos "Marcelo, Marmelo, Martelo" e "O Reizinho mandão".

A obra de Ruth Rocha já foi traduzida para diversos idiomas. As publicações da escritora tornaram-se referência e hoje ela é reconhecida como importante defensora dos direitos das crianças e adolescentes.

A entrevista especial com a autora está no aplicativo EBC Play, disponível nas versões Android, iOS e no site http://play.ebc.com.br. O conteúdo também pode ser revisto no site do canal: http://tvbrasil.ebc.com.br/especiaistvbrasil.

(Disponível em: https://tvbrasil.ebc.com.br/entrevista-com-ruth-rocha-e-destaques-no-dia-das-criancas. Acesso em: 3/7/2020.)

1. O texto lido é:

a) uma entrevista.

b) um texto noticioso sobre uma entrevista dada por Ruth Rocha.

c) uma reportagem sobre o trabalho de Ruth Rocha.

d) um texto de divulgação científica sobre as obras de Ruth Rocha.

2. Compare estes dois fragmentos do texto:

> - Na entrevista, a escritora diz que é preciso conversar com as crianças pois elas entendem mais do que se imagina. A autora conta que entende e gosta de falar para as crianças de ontem e de hoje.
> - "O professor deve ler o livro antes e, se gostar, ler para os alunos. Todos têm que gostar para dar certo", sugere a veterana que adora ler e continua lendo de tudo.

Nos dois trechos, é apresentada a voz da escritora, mas com diferenças. Marque a afirmativa correta:

a) No 1º fragmento, a fala da escritora é transcrita na forma de discurso direto, conforme o emprego da forma verbal **diz** seguida da fala da autora; no 2º fragmento, a fala da autora é transcrita na forma de discurso indireto, conforme o emprego da forma verbal **sugere**.

b) No 1º fragmento, a fala da escritora está presente em trechos como "a escritora diz" e "A autora conta".

c) No 1º fragmento, a fala da escritora é transcrita na forma de discurso indireto, já que é o autor do texto que conta o que foi dito pela escritora; no 2º fragmento, a fala da autora é reproduzida literalmente no texto, entre aspas, e explicitada pela forma verbal **sugere**.

d) No 2º fragmento, a fala da escritora é reproduzida literalmente no trecho "sugere a veterana que adora ler e continua lendo de tudo".

3. A entrevista dada por Ruth Rocha tem como tema:

a) a importância da leitura para as novas gerações e a trajetória literária da escritora.

b) a vitalidade de Ruth Rocha, que continua enfrentando novos desafios literários.

c) o direito das crianças e dos adolescentes de lerem obras literárias da atualidade.

d) as publicações infantis mais importantes de Ruth Rocha.

4. Segundo a autora, é essencial, na formação do público leitor:

a) saber ler adequadamente, com boa compreensão dos textos.

b) ler muitos livros, pois a diversidade melhora a qualidade do leitor.

c) a relação entre o professor e a obra lida, bem como entre o aluno e a obra.

d) ler livros que fazem sucesso entre os leitores adolescentes.

5. Os livros de Ruth Rocha marcaram uma época e são lidos até hoje, por isso são considerados:

a) infantis.

b) indicados para adolescentes.

c) livros comerciais, que atingem o grande público.

d) uma referência nacional e internacional.

6. Releia os dois parágrafos de abertura do texto:

A TV Brasil apresenta uma entrevista exclusiva com a escritora Ruth Rocha neste sábado (12), ao meio-dia, na programação especial da emissora pública para o Dia das Crianças. Aos 88 anos, a premiada autora demonstra vitalidade para novos desafios literários.

Considerada um dos principais nomes da literatura infantil no país, a convidada está há mais de cinco décadas em atividade. Ruth Rocha superou a marca de 200 livros publicados, tem milhões de títulos vendidos e reúne inúmeros leitores que admiram sua obra.

O texto apresenta algumas marcas de **avaliação**, isto é, o jornalista deixa transparecer opinião ou julgamento positivo a respeito da entrevista dada por Ruth Rocha. Entre as palavras a seguir, indique a única que **não** apresenta uma marca de avaliação.

a) exclusiva   b) especial   c) convidada   d) premiada

Leia o texto a seguir e responda às questões 7 a 10.

APRESENTAÇÃO

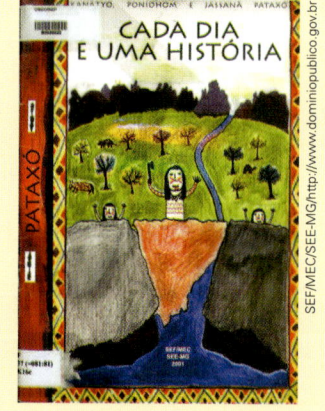

Há muitos e muitos anos nosso povo ficou com a voz adormecida, esquecido no passado, sem ter um espaço para falar de sua vida.

Hoje estamos em outro tempo, lutamos e garantimos o nosso direito de expressar os nossos saberes que estão guardados em nossa memória.

Este livro é um fruto do nosso trabalho que estamos realizando em nossa escola Indígena Pataxó *Bacumuxá*.

Queremos agradecer a nossa amiga Márcia Spyer pela longa caminhada que fizemos juntos para conquistarmos a nossa Escola Indígena Diferenciada.

Agradecemos também nossas crianças, nossos velhos, nossa comunidade e todos aqueles que nos ajudaram a organizar este livro.

Através da nossa escola estamos enxergando novos horizontes. Ao conhecer bem o nosso passado, podemos organizar e preparar melhor a vida dos nossos descendentes pros dias que estão por vir.

Os autores.

KANÁTYO
Cada dia é uma história. / Kanátyo, Poniohom e Jassanã Pataxó; ilustrações crianças Pataxó. — Brasília: MEC; SEF, 2001.

SEF/MEC
SEE-MC
2001

7. Pelas características do texto, é possível inferir que se trata de:

a) uma apresentação de um livro do povo indígena pataxó bacumuxá.

b) um comentário crítico sobre a Escola Indígena Diferenciada.

c) um depoimento pessoal dos velhos da comunidade.

d) uma carta pessoal dos descendentes indígenas.

8. O livro propicia:

a) enxergar novos horizontes.

b) resgatar saberes guardados na memória indígena.

c) organizar a vida dos indígenas.

d) melhorar a vida dos indígenas pataxós.

9. Segundo o texto, a Escola Indígena Diferenciada tem o papel fundamental de:

a) reconhecer o papel das comunidades indígenas.

b) resgatar a memória dos ancestrais indígenas e organizar a vida dos descendentes do futuro.

c) preservar a tribo pataxó bacumuxá.

d) expressar saberes.

10. A finalidade principal do texto é:

a) apresentar um livro criado por autores que participam da Escola Indígena Diferenciada.

b) apresentar a comunidade pataxó bacumuxá;

c) promover a Escola Indígena Diferenciada.

d) comentar as memórias dos antepassados indígenas.

Leia o texto e responda às questões 11 a 13.

(Disponível em: https://tirasarmandinho.tumblr.com/. Acesso em: 3/7/2020.)

11. Armandinho conversa com sua amiga e comenta o lançamento de um livro. A resposta dela — "Legaal!" —, escrita de forma alongada, indica que ela respondeu:

a) triste, pois acha que não dará certo.

b) animada, tanto que quer saber quando será lançado.

c) indiferente.

d) desanimada, pois não acredita que Armandinho seja capaz.

12. A expressão facial da menina, no último quadrinho, demonstra:

a) susto. b) alegria. c) tristeza. d) espanto.

13. O humor da tira está:

a) no fato de Armandinho querer lançar um livro, apesar de ser uma criança.

b) na ambiguidade (duplo sentido) da palavra **lançamento** e no modo como Armandinho a compreendeu.

c) na ambiguidade da expressão **lançar um livro** e no modo como a garota entendeu essa expressão.

d) no fato de duas crianças conversarem sobre lançamentos de livros.

Leia o texto e responda às questões 14 a 20.

As características dos mangás

Os mangás possuem características distintas que os diferem dos estilos de quadrinhos de outras partes do mundo, sobretudo dos comics americanos, a começar pela representação gráfica. O alfabeto japonês é composto de ideogramas que não representam somente sons, mas também ideias. Assim, em um mangá as onomatopeias, além de fazerem parte da arte, são uma importante ferramenta na narrativa da história.

A ordem de leitura dos quadrinhos japoneses é diferente daquela a que estamos acostumados. Uma HQ japonesa começa onde seria o fim de uma publicação ocidental. Além disso, o texto é disposto da direita para a esquerda.

O estilo de traço também difere do dos gibis de outros países. Os personagens dos quadrinhos japoneses sempre têm olhos grandes e corpos esguios.

Outra característica peculiar dos mangás é que primeiramente eles são publicados em capítulos em revistas que parecem verdadeiros almanaques, que reúnem várias histórias de diversos autores. Os mangás que se destacam têm, posteriormente, seus episódios reunidos em volumes próprios de mais ou menos 200 páginas cada. Isso permite aos autores criar histórias mais longas e aprofundadas e sempre com começo, meio e fim.

A disposição dos quadrinhos em uma página de mangá também é consideravelmente diferente daquela que se costuma ver em um "*comic*" americano. Nos gibis de heróis da Terra do Tio Sam costuma-se ter três ou quatro fileiras de quadros por páginas. Como os mangakás, os autores de gibis japoneses dispõem de um espaço maior para contar sua história, eles podem empregar um número menor de quadrinhos se comparado aos americanos — não é incomum, por exemplo, ver páginas até mesmo em branco ou com uma única imagem estourada. Esse subterfúgio ajuda a acelerar a narrativa, dando aos mangás uma dinâmica que se aproxima da cinematográfica.

Outra característica das HQs nipônicas sempre presente é o fato de serem produzidas em preto e branco e publicadas em papel jornal. Isso torna o produto mais barato e acessível a todos os tipos de leitores — desde crianças a executivos, de estudantes a donas de casa.

Nos mangás não há limites para a imaginação. Acompanhar uma HQ japonesa é uma experiência única. É mergulhar em um mundo próprio, cheio de ação, aventura, drama, heróis, heroínas, criaturas mágicas e muita, muita diversão.

(Disponível em: https://editorajbc.com.br/mangas/inf/as-caracteristicas-dos-mangas/. Acesso em: 3/7/2020.)

14 • De acordo com o texto, os mangás apresentam diferenças em relação aos quadrinhos do mundo ocidental, principalmente os americanos. As **onomatopeias**, por exemplo:

a) têm a função de acelerar a narrativa.

b) têm a função de desacelerar a narrativa.

c) integram o trabalho de arte e, ao mesmo tempo, ajudam a construir a narrativa.

d) cumprem o papel de representar os sons produzidos ao longo da história.

15 • A ordem da leitura dos quadrinhos japoneses:

a) assemelha-se à dos quadrinhos ocidentais.
b) difere da dos quadrinhos ocidentais.
c) é semelhante à dos *comics* americanos.
d) imita a das HQs americanas.

16 • Os personagens de mangás caracterizam-se por ter:

a) olhos puxados e corpos pequenos.
b) olhos arredondados e estatura média.
c) olhos grandes e corpos esguios.
d) olhos amendoados e corpos esguios.

17 • Os mangás são publicados:

a) somente em almanaques.

b) em almanaques de duzentas páginas.

c) somente em volumes de duzentas páginas.

d) primeiramente em almanaques e posteriormente em volumes próprios.

18 • A disposição dos quadrinhos japoneses é dinâmica, assemelhando-se:

a) à arte cinematográfica.
b) aos quadrinhos da Terra do Tio Sam.
c) aos quadrinhos ocidentais.
d) aos *comics* americanos.

19 • A razão de os mangás serem reproduzidos em preto e branco é:

a) a busca de um efeito diferente.

b) o custo, para que todos tenham acesso à arte.

c) uma tentativa de elitizar a HQ.

d) amenizar os traços carregados dos personagens.

20. Entre as frases a seguir, marque a que expressa opinião.

a) "o texto é disposto da direita para a esquerda."

b) "O alfabeto japonês é composto de ideogramas que não representam somente sons, mas também ideias."

c) "Uma HQ japonesa começa onde seria o fim de uma publicação ocidental."

d) "Acompanhar uma HQ japonesa é uma experiência única."

Leia o mapa conceitual a seguir e responda às questões 21 a 24.

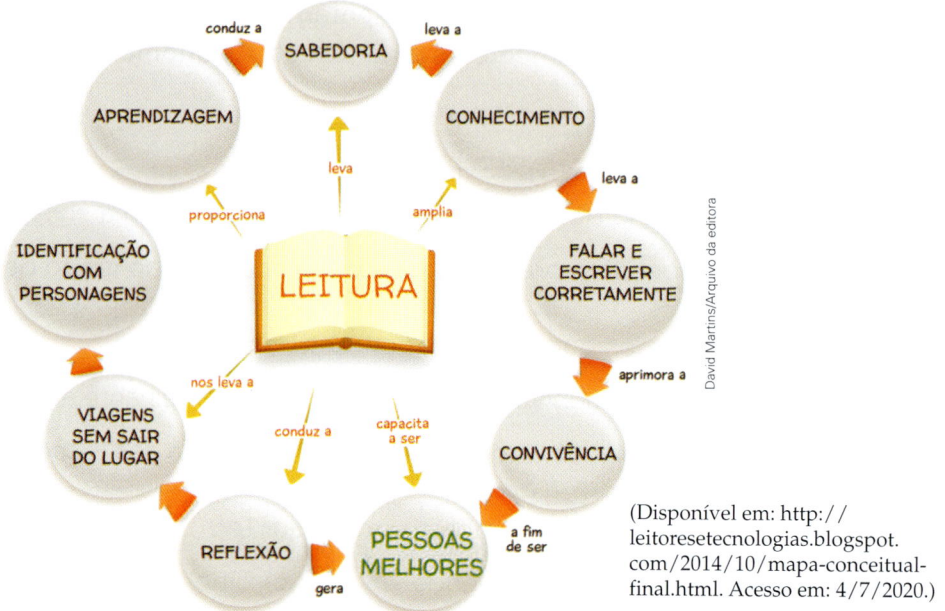

(Disponível em: http://leitoresetecnologias.blogspot.com/2014/10/mapa-conceitual-final.html. Acesso em: 4/7/2020.)

21. O tema central do mapa é/são:

a) o modo como a humanidade lê.

b) os efeitos da leitura sobre o ser humano.

c) os efeitos da alfabetização e da leitura.

d) a leitura como único meio de se chegar à cidadania.

22. Há dois tipos de balão no mapa: um retangular, no centro, e outros redondos, à sua volta. Assinale a alternativa correta:

a) O balão retangular destaca um conceito secundário; os balões redondos exprimem conceitos-chave.

b) Todos os balões cumprem a função de conceituar em condições de igualdade, sem que haja subordinação.

c) O balão retangular destaca o conceito-chave; os balões redondos exprimem outros conceitos, ligados ou subordinados ao principal.

d) Os balões da direita estão relacionados à vida social, e os balões da esquerda à fantasia e à imaginação.

23. A função das setas é:

a) indicar a relação que existe entre o conceito-chave e outros conceitos.

b) deixar o infográfico mais bonito.

c) diminuir a quantidade de conceitos.

d) comparar dados do infográfico.

24. Na parte de baixo do mapa, há um balão com a expressão **pessoas melhores** escrita com letras verdes de maior tamanho porque:

a) pessoas melhores precisam ler mais.

b) ela representa uma espécie de síntese de todos os efeitos propiciados pela leitura.

c) apenas as pessoas que leem é que são consideradas "melhores".

d) a leitura não propicia vivências, mas transforma o ser humano.

Leia o texto e responda às questões 25 e 26.

Jaimito vai à biblioteca e diz:
— Por favor, um livro de suspense?
E o atendente diz:
— Tenho um muito bom. Trata-se de um assassino que mata sua esposa e seus filhos, e a polícia não sabe quem é...
E Jaimito diz:
— E como se chama o livro?
E o atendente lhe diz:
— O mordomo assassino.

(Disponível em: https://br.guiainfantil.com/piadas-infantis/145-piadas-de-livros-para-criancas.html. Acesso em: 4/7/2020.)

25. Pelas características do texto, pode-se inferir que seja:

a) um comentário.   b) um bilhete.   c) um conto.   d) uma anedota.

26. O humor do texto está no fato de:

a) Jaimito ir à biblioteca buscar um bom livro.

b) a pessoa chamar-se Jaimito.

c) o atendente oferecer um livro violento para Jaimito.

d) o título do livro apresentar um *spoiler*, ou seja, antecipar o que vai acontecer na história.

Capítulo 4

Vou muito bem, obrigado!

Você ouviu frases como "Você é o que come" ou "O importante não é o que se come, mas quanto se come"? O que você acha delas? Qual é a importância da alimentação em nossa saúde? E os exercícios físicos? Até que ponto eles são necessários para vivermos bem?

Leia este texto:

Grrwol

Você pode controlar a maioria dos ruídos do seu corpo (o espirro, o arroto, você os conhece) mesmo que isto custe um esforço ou suplício. Mas existe um ruído absolutamente incontrolável que nada reprime ou disfarça. É aquele barulho que faz a barriga quando menos os que estão à sua volta e você esperam. Geralmente — é fatal — no momento de maior silêncio no recinto. Isto já lhe aconteceu, claro. Você está, digamos, numa sala de espera, naquele convívio forçado e constrangedor de uma sala de espera lotada, e de repente sua barriga faz "Grrwol". "Grl, grl, grl." E logo depois:

"Brliadobm". E quando tudo parece terminado, vem um post scriptum: "Piauim..."

Você olha em volta sem mexer a cabeça. Será que alguém ouviu? Claro que ouviram. Na rua devem ter ouvido. O que fazer? Você pode ficar impassível, olhando para um ponto no infinito. Não foi a sua e mesmo que tenha sido, o que que tem? Pode acontecer com qualquer um. Você não tem que dar satisfações a ninguém. Só esperar que o fato se perca no esquecimento. Mas sua barriga repete a sequência.

"Grrrwol." Depois "Grl, grl, grl". Depois "Brldbm".

Silêncio. Suspense. Finalmente:

"Piauim..."

Você pode sorrir para todos e sacudir a cabeça, **resignado**, como quem desistiu de disciplinar uma criança rebelde. "Essas barrigas..." Os outros certamente aceitarão seu convite para uma confraternização bem-humorada em torno do que é, afinal, um **incidente gástrico**, e portanto comum e profundamente humano. A desvantagem deste procedimento é que só dará certo uma vez. Se sua barriga voltar a se manifestar, você não contará mais com a boa vontade unânime. Alguns farão cara de "Foi divertido, mas agora chega". E não há nada que você possa fazer.

Um terceiro caminho é, no momento do barulho, olhar para a pessoa ao seu lado com um misto de surpresa e indignação. É uma tática **calhorda**, mas você transferirá as suspeitas. Isto só não funciona se você e a outra pessoa forem as únicas duas na sala. Aí, você tem uma saída: assumir a barriga e o seu repertório.

(Luis Fernando Verissimo. *Zoeira*. 5. ed. Porto Alegre: L&PM, 1987. p. 7-8.)

QUEM É LUIS FERNANDO VERISSIMO?

Filho do também escritor Érico Veríssimo, o gaúcho Luis Fernando Verissimo, nascido em 1935, é um dos mais importantes cronistas brasileiros da atualidade.

Começou a trabalhar como jornalista em 1966, no jornal *Zero Hora*, de Porto Alegre, no qual exerceu várias funções.

Sua primeira obra, *A grande mulher nua*, foi publicada em 1975. Desde então, tem publicado muitas obras de crônicas e contos, romances, literatura infantil, poesia, livros de viagens, além de ter colaborado na criação de programas de humor da TV.

Nas horas vagas, ainda encontra tempo para tocar seu saxofone.

calhorda: desprezível.

gástrico: relativo ao estômago.

incidente: acontecimento ou dificuldade imprevisível.

resignado: conformado, paciente, submisso.

1. O narrador do texto se dirige a um interlocutor, identificado pelos pronomes **você**, **lhe**, **sua**.

a) Quem é esse interlocutor?

b) Considerando quem é o interlocutor, responda: Para o narrador, os ruídos do corpo são um fenômeno individual ou um fenômeno que acontece com todos?

2. No início do texto, o narrador afirma que é possível controlar a maioria dos ruídos do corpo, "mesmo que isto custe um esforço ou um suplício".

a) Além do espirro e do arroto, citados no texto, que outros ruídos o corpo humano produz?

b) Que diferença de sentido existe entre **esforço** e **suplício**?

3. Para descrever os barulhos produzidos pelo corpo, o narrador afirma:

> Você está, digamos, numa sala de espera lotada, e de repente sua barriga faz "Grrwol".

a) Com que finalidade a palavra **digamos** foi empregada nesse contexto?

b) As palavras que imitam sons naturais são chamadas **onomatopeias**. Quais são as onomatopeias empregadas no texto?

c) Levante hipóteses: Por que foram empregadas no texto diferentes onomatopeias?

4. A expressão latina **post-scriptum**, ou sua sigla, **PS**, significa "escrito depois" e normalmente é incluída em cartas ou documentos para indicar que o autor se esqueceu de mencionar uma informação importante no corpo do texto. Por que o narrador associa a onomatopeia **piauim** a um *post-scriptum*?

5. No segundo parágrafo, o narrador apresenta uma série de perguntas, como "Será que alguém ouviu?", "O que fazer?", e afirmações, como "Na rua devem ter ouvido", "Você não tem que dar satisfações a ninguém". O que essas perguntas e afirmações representam no contexto?

6. Ao longo do texto, o narrador cita três estratégias que podem ser adotadas pelas pessoas que passam por situações em que a barriga faz barulhos indesejados. Quais são elas?

7. De acordo com o narrador, a segunda estratégia só funciona uma vez. No caso de a barriga voltar a fazer barulhos, ele afirma que a pessoa "não contará mais com a boa vontade unânime". Explique essa afirmação.

8. Em relação à terceira estratégia, responda:

a) Por que o narrador a considera **calhorda**?

b) Por que essa estratégia não funciona bem quando só há duas pessoas na sala?

9. A crônica é um gênero textual curto, que consiste em promover reflexão ou extrair humor de situações comuns do cotidiano.

   a) O texto de Luis Fernando Verissimo pode ser considerado uma crônica? Por quê?

   b) Que efeito o texto provoca no leitor ao levá-lo a se identificar com as situações retratadas?

10. Você já passou por alguma situação constrangedora, como as descritas no texto, ou viu alguém passar? Se sim, conte para seus colegas como foi.

Palavras em contexto

1. Releia estes trechos do texto:

> Você pode controlar a maioria dos ruídos do seu corpo (o espirro, o arroto, você os conhece) mesmo que isto custe um esforço ou suplício.
>
> Geralmente — é fatal — no momento de maior silêncio no recinto.

Observando a pontuação empregada nos trechos, responda:

a) Qual é a finalidade dos parênteses no primeiro enunciado?

b) Por que a expressão **é fatal** foi empregada entre travessões, no segundo trecho?

2 Observe a pontuação utilizada neste outro fragmento do texto:

> "Grrrwol." Depois "Grl, grl, grl". Depois "Brldbm".
> Silêncio. Suspense. Finalmente:
> "Piauim..."

a) Note que as frases são intencionalmente curtas. Que efeito de sentido esse recurso proporciona ao texto?

b) A onomatopeia **piauim** ficou isolada, em uma linha à parte. Que efeito de sentido esse procedimento provoca?

3 Observe este trecho do final da crônica:

> "É uma tática calhorda, mas você transferirá as suspeitas. Isto só não funciona se você e a outra pessoa forem as únicas duas na sala. Aí, você só tem uma saída: assumir a barriga e o seu repertório."

a) A que a palavra **isto**, da segunda frase do trecho, se refere?

b) Na expressão **seu repertório**, o que é o repertório? A quem ele pertence?

c) O que justifica o emprego de dois-pontos na última frase do trecho? Que outro sinal de pontuação poderia ter sido empregado em seu lugar?

Texto e intertexto

Luis Fernando Verissimo tratou com humor os barulhos involuntários que nossa barriga produz; mas será que todos os barulhos emitidos pelo corpo são normais e saudáveis? Leia, sobre o assunto, o texto jornalístico a seguir.

7 barulhos do corpo que podem indicar problemas de saúde

Soluço, barulho na barriga... são ruídos que podem soar inofensivos. Mas nem sempre! Muitas vezes eles sinalizam que há algo errado no organismo. Saiba quando você deve ligar a sirene.

Danielle Reis
Edição: MdeMulher

1. Ronco ao dormir

O que é?

Vibração do tecido mole da garganta quando há a passagem do ar. Quanto mais acima do peso a pessoa estiver, mais tecido ela apresenta na região e maior a probabilidade de roncar. Apesar de o barulho ser comum em homens, mulheres com alterações hormonais, como na menopausa, também costumam roncar. A utilização de um dilatador intranasal pode reduzir o problema.

Quando checar?

"Se o ronco durar a noite toda. Pode estar relacionado a obesidade, problemas respiratórios, refluxo gastroesofágico e apneia do sono, contribuindo para o risco de doenças do coração", diz Levon M. Neto, otorrinolaringologista de São Paulo.

2. Estalo no joelho ou tornozelo

O que é?

Resultado de uma diferença de pressão nas articulações. "Algumas articulações são envolvidas por uma membrana protetora parecida com um plástico duro. Ao serem forçadas, fazem um barulho para voltar ao normal", afirma o ortopedista Marco Antonio Ambrósio, do Hospital Samaritano, em São Paulo.

Quando checar?

Se no estalo você sentir dor ou inchaço, ouvir rangidos ou tiver a sensação de uma raspagem na região, pode ser que a cartilagem articular (tecido que recobre a junção do osso e permite movimento sem restrição nem dor) esteja com algum problema. Ao menor sinal desses sintomas procure um especialista. O ideal é começar o tratamento imediatamente, pois a recuperação é lenta.

3. Zumbido no ouvido

O que é?

O som baixo de uma campainha, que começa e termina subitamente, é proveniente da imaginação. "Chamado tinnitus, ele acontece quando o cérebro interpreta sinais elétricos de forma errada, como se fossem vibrações de som, e os traduz em um zumbido", explica Jamal Azzam, otorrinolaringologista, de São Paulo. Estima-se que 28 milhões de brasileiros sofram com o distúrbio.

Quando checar?

Zumbido contínuo ou apenas em um dos lados do ouvido pode sinalizar infecção. [...]

4. Ruído na barriga

O que é?

O seu intestino se contorcendo. "O sistema gastrointestinal faz uma série de contrações do esôfago até o reto para expulsar os resíduos de alimento do corpo. Algumas dessas contrações causam os chamados ruídos hidroaéreos, que podem ser ouvidos por causa da mistura de líquidos com ar — que ingerimos na mastigação", revela Jansen da Silva e Souza, especialista em endoscopia digestiva, de São Paulo.

Quando checar?

"Roncos abdominais são comuns e não devem preocupar. Porém, se vierem acompanhados de dor, distensão e ruídos diferentes dos habituais, procure um médico. Pode ser desde uma infecção intestinal, que gera distensão no órgão, até algum fator mecânico, como obstrução do intestino ou hérnias internas. [...]"

5. Soluço

O que é?

Pode ser comparado a uma cãibra involuntária do diafragma e que acontece mais comumente após as refeições — o estômago cheio comprime o diafragma, deixando-o desordenado. A saída é interromper o ciclo respiratório para acabar com os espasmos: beba goles d'água sem respirar, segure a respiração por alguns segundos...

Quando checar?

Procure um médico se o soluço persistir por horas. "Geralmente, ele é decorrente da irritação do esôfago, que pode ser tratada com antiácidos", explica Sidney Klajner, cirurgião do aparelho gástrico, do Hospital Israelita Albert Einstein, em São Paulo.

6. Assobio suave pelo nariz

O que é?

"A passagem do ar por algum espaço excessivamente estreito na fossa nasal", define Levon M. Neto. Normalmente, o assobio aparece quando se está deitada, pois o esforço respiratório é maior. Se for ocasional, trata-se provavelmente de congestão nasal. Assoar e fazer uma limpeza com soro fisiológico ajuda.

Quando checar?

"Assobio constante (dia e noite) pode ser sintoma de rinite alérgica, desvio do septo nasal, pólipos nasais ou infecções locais com formação de crostas no nariz", alerta Levon. Se o chiado aparecer depois de uma pancada na face, pode estar relacionado a alguma fratura.

7. Estalo na mandíbula

O que é?

Mastigou ou falou e ouviu um "crec"? Esse barulho é proveniente do desalinhamento da articulação temporomandibular (ATM), uma junta com cartilagem e tendões que une o osso da mandíbula ao crânio. "Ao ser pressionada, ela se desloca e começa a realizar um movimento anormal", explica Diego Rocha Vieira, cirurgião-dentista do Paraná.

Quando checar?

Se os estalos ocorrem sempre que abre ou fecha a boca. Os ruídos são os primeiros indícios de problema na articulação e, caso não seja tratado, outros sintomas podem aparecer, como deslocamento ou travamento da mandíbula, dores na cabeça e na nuca, cansaço ao mastigar e zumbido ou coceira no ouvido.

(Disponível em: http://mdemulher.abril.com.br/saude/7-barulhos-do-corpo-que-podem-indicar-problemas-de-saude/. Acesso em: 30/11/2020.)

1 O ronco é um barulho involuntário que tem algumas causas conhecidas.

a) Quais são as causas mais comuns do ronco?

b) O que pode ajudar homens e mulheres que roncam a roncar menos?

2 Estalos no joelho podem ser normais. Quando, entretanto, eles podem sinalizar que algo não está bem?

3 O soluço também é um ruído involuntário.

a) Qual é o procedimento mais fácil e rápido para acabar com os soluços?

b) Em que situações o problema deve ser levado a um médico?

4 Assobios pelo nariz podem ou não ser sinal de problema.

a) O que a pessoa pode fazer para tentar eliminar rapidamente esse ruído?

b) Em que situações esses assobios indicam algo mais grave?

5 Compare o texto de Luis Fernando Verissimo ao texto "7 barulhos do corpo que podem indicar problemas de saúde".

a) Os ruídos mencionados no texto de Verissimo assemelham-se a qual dos sete grupos de barulhos referidos no texto em estudo?

b) Além de ruídos e roncos, que outros sintomas são sinal de que algo não está bem na região da barriga?

6 A propósito dos textos "Grrwol" e "7 barulhos do corpo que podem indicar problemas de saúde", assinale as afirmações corretas:

a) O texto "7 barulhos do corpo que podem indicar problemas de saúde" tem a finalidade de comentar os principais sons produzidos pelo corpo e as situações em que podem ser alertas de problemas de saúde.

b) O texto "Grrwol" tem a finalidade de alertar os leitores sobre os problemas físicos e sociais originados por ruídos gastrointestinais.

c) O texto "7 barulhos do corpo que podem indicar problemas de saúde" tem a finalidade de descrever e comentar alguns sons voluntários produzidos pelo corpo humano.

d) O texto "Grrwol" tem a finalidade de entreter e divertir os leitores, partindo de situações comuns, mas constrangedoras, do cotidiano.

Exercícios

Leia o texto abaixo e responda às questões 1 e 2.

1. Pode-se inferir que o texto:

   a) é um panfleto que visa estimular a população a consumir alimentos coloridos.

   b) integra uma campanha cujo objetivo é estimular as pessoas a consumir alimentos adequados à saúde.

   c) é um anúncio publicitário cujo objetivo é vender à população frutas, legumes e verduras coloridos.

   d) é um cartaz que tem a finalidade de orientar a população sobre como ela deve consumir alimentos hortifrutícolas.

2. O enunciado "Colorido: mais saudável, mais bonito", em destaque no texto, possibilita depreender que a refeição é mais saudável quando:

   a) é vegetariana.

   b) apresenta cores predominantemente claras.

   c) é diversificada, incluindo carne (peixe), legumes, verduras e frutas.

   d) é de fácil digestão, como as que incluem pimentão, cebola, verduras e milho.

Leia o texto a seguir e responda às questões 3 a 6.

Por que tem gente que come muito e não engorda?

Texto Claudia Carmello

SEGURE A INDIGESTÃO: ou você nasce "magro de ruim" ou sinto muito, vai ter que malhar e fechar a boca para ficar com o peso ideal. São diferenças no metabolismo que fazem com que algumas pessoas queimem mais calorias do que a média para manter o corpo funcionando. Assim como os carros usam álcool ou gasolina para rodar, nós nos abastecemos com gordura e a armazenamos, tirando dela a nossa energia. Daí, existem os carrões com motores potentes e grandes consumidores de combustível e os carros com motor de mil cilindradas. O que fazer para ser um Land Rover e não um Celta? O mais provável é que você nasça como um ou como outro. Estudos com gêmeos têm mostrado que a genética contribui com nosso peso corporal em 40 a 70%. Genes da obesidade têm sido identificados, o que mostra que alguns corpos já viriam programados para gastar mais fazendo as mesmas coisas. Seguindo na analogia, se seu corpo é um 4 × 4, você terá direito a comer mais — ou ser abastecido frequentemente. Os magros de ruim talvez sejam uma minoria porque a seleção natural favoreceu o seu oposto, a eficiência energética. Com os grandes períodos de fome, sobreviveram principalmente as pessoas poupadoras de reservas e as ávidas por comida. Satisfeito?

(Disponível em: http://super.abril.com.br/saude/por-que-tem-gente-que-come-muito-e-nao-engorda. Acesso em: 29/10/2020.)

3. O que explica a diferença entre pessoas que comem muito e não engordam e pessoas que comem normalmente e engordam é:

   a) a produção de energia.

   b) o metabolismo.

   c) o regime alimentar.

   d) a dificuldade para digerir os alimentos.

4. A expressão **magro de ruim**, no texto, refere-se às pessoas:

   a) que são magras por herança genética.

   b) que têm metabolismo lento, com pouca queima calórica.

   c) que têm metabolismo acelerado, com pouca queima calórica.

   d) que têm uma magreza não saudável.

5. Para explicar a diferença entre as pessoas, o texto opõe duas marcas de automóveis: Land Rover e Celta. No texto, essas marcas equivalem, respectivamente:

   a) ao "magro de ruim" e ao magro que faz regime e ginástica.

   b) ao magro que faz regime e ginástica e ao gordo que faz regime e ginástica.

   c) ao gordo que faz regime e ginástica e ao "magro de ruim".

   d) ao gordo que não faz regime e ginástica e ao magro que faz regime e ginástica.

6. Segundo o texto, a maioria das pessoas tem dificuldade para emagrecer porque a seleção natural deu preferência às pessoas que:

   a) gastam pouca energia e comem bastante.

   b) gastam muita energia e comem bastante.

   c) gastam energia e comem pouco.

   d) não gastam energia e comem pouco.

Leia o texto a seguir e responda às questões 7 a 9.

O que é gordura trans?

É uma gordura formada a partir de um processo de hidrogenação artificial feito nas indústrias. Sob alta pressão e temperatura, adiciona-se hidrogênio às moléculas de gordura. "O óleo se torna uma gordura mais consistente e mais durável", diz Denise D'Agostini, farmacêutica da USP. Parece perfeito.

Mas não é. A trans, segundo estudos recentes, é a gordura que mais contribui para a formação de placas nas artérias — e para o aumento da pressão arterial e dos riscos de infarto ou derrames. Por isso, [...] as empresas estão obrigadas a discriminar a quantidade de trans nos rótulos dos alimentos industrializados. "Só não está especificado o valor diário de ingestão, já que não existe uma recomendação de consumo dessa gordura", diz Vivian Buanacorso, nutricionista do Hospital das Clínicas de São Paulo. Na verdade, recomenda-se que se ingira o mínimo possível: no máximo 2 gramas por dia (duas bolachas recheadas já estouram esse limite).

Com medo de perder consumidores, a indústria está atrás de outros jeitos de solidificar óleos sem arrasar corações. A mais nova vedete dos químicos é a interesterificação, processo que aumenta o ponto de fusão das gorduras sem alterar sua estrutura básica. É com ela que se faz, por exemplo, as margarinas sem trans que já existem no mercado. A tecnologia é um pouco mais cara, mas essas novas gorduras não fazem nenhum mal à saúde. Até que alguma pesquisa mostre o contrário.

(Disponível em: http://super.abril.com.br/ciencia/o-que-e-gordura-trans. Acesso em: 29/10/2020.)

7. Segundo pesquisas médicas, a gordura trans:

a) está associada a aumento da pressão arterial, infartos e derrames.

b) não é prejudicial à saúde se consumida em quantidades menores do que outros tipos de gordura.

c) não oferece risco, podendo ser ingerida em grande quantidade por dia.

d) não é prejudicial à saúde quando utilizada em margarinas e bolachas.

8. O mais novo processo químico, que pode substituir a gordura trans e não faz mal à saúde, é a interesterificação. A frase do texto que demonstra dúvida sobre essa vantagem do produto é:

a) "[...] as empresas estão obrigadas a discriminar a quantidade de trans nos rótulos dos alimentos industrializados."

b) "É uma gordura formada a partir de um processo de hidrogenação artificial feito nas indústrias."

c) "Até que alguma pesquisa mostre o contrário."

d) "Com medo de perder consumidores, a indústria está atrás de outros jeitos de solidificar óleos sem arrasar corações."

9. Levando em consideração o contexto da industrialização de alimentos atualmente, a finalidade principal do texto é:

a) conscientizar o consumidor sobre os riscos dos alimentos que contêm gordura trans.

b) apresentar a fórmula da gordura trans para leitores não especialistas no assunto.

c) comentar o avanço da tecnologia na área de indústria de alimentos.

d) estimular o consumo de gorduras que passam por interesterificação.

Leia o texto a seguir e responda às questões 10 a 13.

Com obesidade infantil não dá para brincar

Os envolvidos em processos educativos e formativos, como professores de todas as disciplinas, gestores de escolas, entre outros, devem estar atentos à questão da obesidade infantil que, além de trazer grandes riscos para a saúde, leva o jovem a se sentir excluído, provocando perda da autoestima e quadros de depressão.

Estimular a prática de atividades físicas ou esportivas, orientadas por Profissional de Educação Física capaz de ministrar tais atividades de forma segura, inclusiva e ética, é uma forma de combater este mal.

A **valorização das atividades físicas e esportivas orientadas** por Profissional de Educação Física é uma questão de saúde e responsabilidade social.

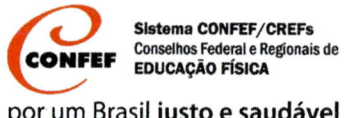

(*Veja*, n. 2283.)

10. Levando em conta que o anúncio foi publicado pelos Conselhos Federal e Regionais de Educação Física (Confef), responda: Qual é a principal finalidade dele?

a) Alertar todas as pessoas envolvidas em processos educativos e formativos para a necessidade de estimular os alunos a praticar atividades físicas e esportivas e para a importância de que elas sejam orientadas por profissionais de Educação Física.

b) Induzir todas as pessoas envolvidas em processos educativos e formativos a praticar atividades físicas e esportivas.

c) Estimular todos os professores, de todas as áreas e disciplinas, a promover atividades físicas e esportivas com seus alunos.

d) Demonstrar para todas as pessoas envolvidas em processos educativos como é o trabalho dos profissionais de Educação Física e qual é a importância desses profissionais.

11. A frase "Com obesidade infantil não dá para brincar" é ambígua, isto é, tem duplo sentido. Qual é a palavra responsável por essa ambiguidade?

a) infantil   b) obesidade   c) brincar   d) dá

12. Releia o texto verbal do anúncio. Depois assinale a alternativa que apresenta os dois sentidos da frase "Com obesidade infantil não dá para brincar" no anúncio.

a) Não se deve descuidar da obesidade infantil./Crianças obesas não se sentem excluídas das brincadeiras e não desenvolvem quadros de depressão.

b) Obesidade infantil não é muito preocupante./Crianças obesas se sentem excluídas das brincadeiras e, por isso, podem desenvolver quadros de depressão.

c) Não se deve descuidar da obesidade infantil./Crianças obesas deixam de brincar, sentem-se excluídas e podem desenvolver quadros de depressão.

d) Obesidade infantil é brincadeira./Crianças obesas podem participar normalmente de brincadeiras infantis.

13. Em nossa cultura, a figura do palhaço é relacionada normalmente a alegria, infância, diversão, etc. No anúncio, essa figura, com sua fisionomia e com o arco no corpo, representa:

a) a alegria das brincadeiras infantis.

b) a alegria do circo.

c) a tristeza da criança obesa e a dificuldade que ela tem de participar de brincadeiras.

d) a tristeza da criança por causa da inadequação de brinquedos que os adultos colocam em seu corpo.

Leia a tira e responda às questões 14 a 16.

14. A fala do dono de Garfield, o gato, é filosófica. A de Garfield é:

   a) científica.   b) gastronômica.   c) histórica.   d) fisiológica.

15. A expressão facial do dono de Garfield no último quadrinho demonstra que ele está:

   a) de acordo com o pensamento de Garfield.
   b) surpreso com a reflexão de Garfield.
   c) decepcionado com a reflexão de Garfield.
   d) desconfiado da atitude de Garfield.

16. O humor da tira está no fato:

   a) de o dono de Garfield filosofar sobre a vida.
   b) de o gato estar deitado escutando o dono.
   c) de o gato refletir sobre regime alimentar.
   d) de o dono do gato conversar com seu animal.

Leia o infográfico a seguir, que apresenta informações a respeito do novo coronavírus, que atingiu o Brasil e o mundo em 2020, e responda às questões 17 a 19.

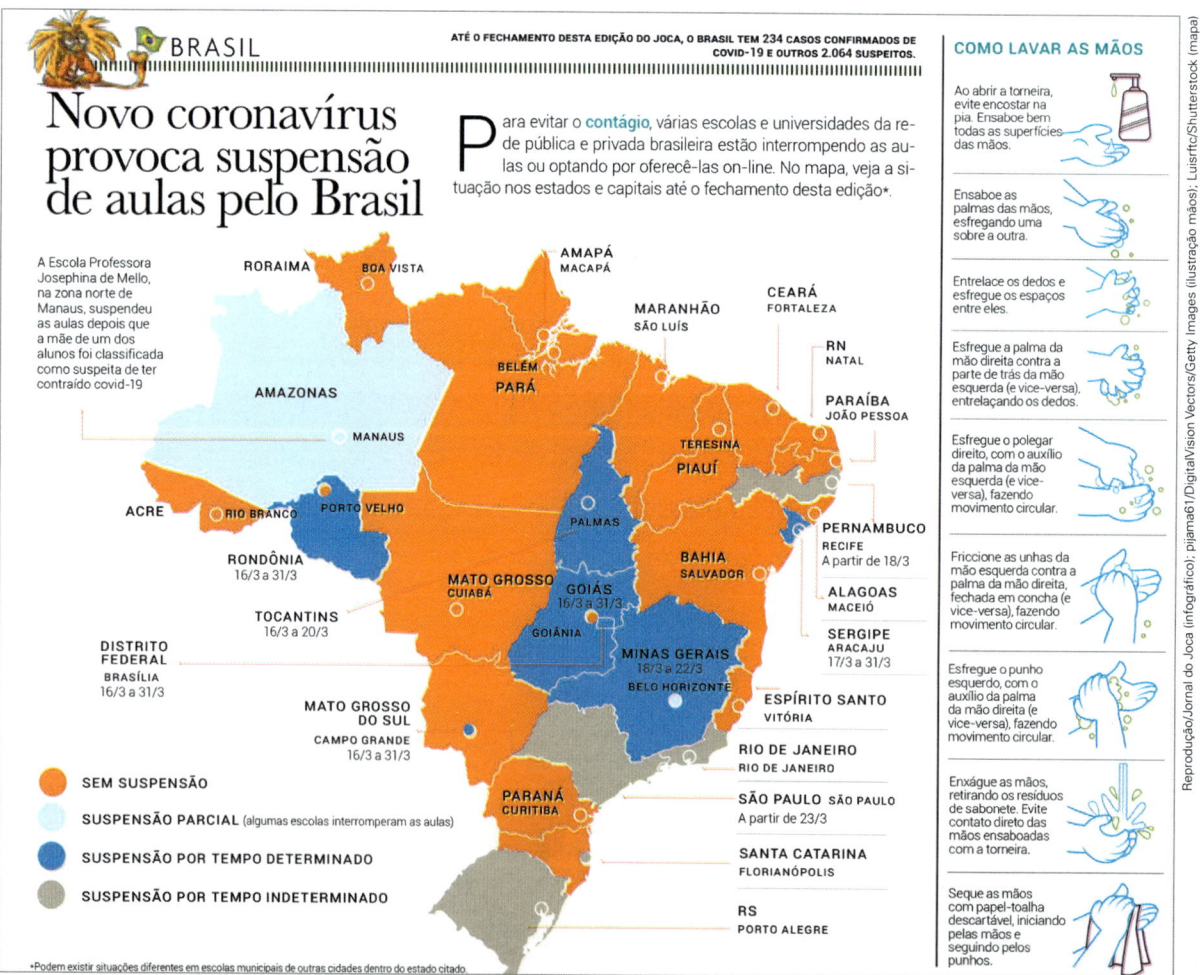

(Disponível em: https://www.jornaljoca.com.br/wp-content/uploads/2020/03/Joca-Edicao-145-Interativo-1.pdf. Acesso em: 30/4/2020.)

17. O infográfico foi publicado em março de 2020. Nessa data, a maioria dos Estados tinha optado por:

    a) suspender as aulas por tempo determinado.
    b) suspender as aulas por tempo indeterminado.
    c) não suspender as aulas.
    d) suspender as aulas parcialmente.

18. O quadro ao lado do mapa, "Como lavar as mãos", tem como finalidade:

    a) estimular a higiene das mãos e, assim, evitar a expansão do vírus.
    b) ilustrar o mapa.
    c) orientar os leitores sobre como lavar as mãos adequadamente para economizar água em tempos de crise.
    d) ensinar a lavar as mãos adequadamente, sem danificá-las.

19. No texto "Como lavar as mãos", há várias formas verbais, como **evite**, **ensaboe**, **entrelace**, **esfregue**, cujo papel é indicar:

    a) como contribuir para a campanha de combate ao vírus.
    b) as ações corretas que devem ser tomadas pelo leitor ao se higienizar.
    c) como auxiliar as pessoas a se manter higienizadas.
    d) ordenar que as pessoas lavem as mãos e fiquem em casa.

Leia o texto a seguir e responda às questões 20 a 24.

[...]
SAÚDE: No Brasil, um bebê gordinho é sinônimo de beleza e saúde. Como você enxerga esse tipo de associação?

David Thivel: Isso também acontece em vários outros países. As pessoas estão acostumadas a acreditar que um bebê mais pesado está com uma boa saúde, quando isso, na verdade, pode ser preditor de sobrepeso e/ou obesidade no futuro.

Os pediatras devem alertar os pais sobre esse risco. E hábitos saudáveis de alimentação devem ser incorporados o mais cedo possível.

Em sua opinião, por que temos tantas crianças obesas atualmente? Qual é o papel da indústria, da escola e dos pais?

Basicamente, nós criamos um mundo para o qual não estamos adaptados. Em outras palavras, nossa cultura promove comportamentos sedentários e baixos níveis de atividade física, enquanto há uma oferta importante de comida — especialmente do tipo mais calórico.

E nós somos geneticamente programados para andar cerca de 20 quilômetros por dia. Quem faz isso hoje? Ninguém.

Acho que, às vezes, é muito fácil só culpar a indústria alimentícia. Obviamente ela tem que progredir para promover escolhas mais saudáveis. Mas a escola e principalmente os pais precisam se envolver na adoção de um estilo de vida saudável e ativo.

Pais ativos são modelos para seus filhos e isso favorece uma educação nesse sentido.

O que você acha sobre a taxação de alimentos não saudáveis, como refrigerantes?

Alguns resultados mostram que essa pode ser uma estratégia eficiente. Mas, para mim, a principal resposta para o consumo abusivo desses itens continua sendo a educação e o envolvimento dos pais.

Você acha que a tecnologia também é responsável pelas altas taxas de obesidade? Os pais deveriam restringir o tempo diante de televisão, tablets e afins?

Definitivamente as telas têm parcela de culpa quando falamos de progressão de sobrepeso, obesidade e todas as comorbidades associadas a esses quadros. Nós temos diretrizes em relação a esse tema e devemos promovê-las.

Afinal, estudos mostram claramente o efeito negativo das telas independentemente da idade e nível de atividade física, indicando a necessidade de incentivarmos tanto a prática de exercícios como a redução no tempo diante de tablets, televisão etc.

Fora que as telas não contribuem apenas para uma redução no gasto de energia, como também levam a respostas fisiológicas e neurocognitivas que irão favorecer o consumo alimentar, especialmente de itens ricos em gordura e açúcar.

[...]

(Disponível em: https://saude.abril.com.br/familia/entrevista-obesidade-infantil-reduzira-a-expectativa-de-vida-da-populacao/. Acesso em: 2/5/2020.)

20. De acordo com as características do texto, pode-se concluir que se trata de:

   a) uma notícia.

   b) uma entrevista.

   c) um comentário.

   d) uma reportagem.

21. O tema central do texto é:

   a) obesidade infantil.

   b) tecnologia.

   c) exercício físico.

   d) relacionamento humano.

22. O texto tem como finalidade:

   a) comentar a relação entre escola, alunos e pais de alunos.

   b) analisar a situação da indústria de alimentos.

   c) refletir sobre as causas da obesidade infantil.

   d) analisar o impacto do uso de *tablets* e da televisão no cotidiano da criança.

23. Na opinião do especialista, evita-se a obesidade infantil principalmente com:

   a) exercícios físicos variados.

   b) regime alimentar.

   c) alimentação saudável e exercícios físicos.

   d) redução de uso de *tablets* e televisão.

24. No texto, o pesquisador francês David Thivel utiliza basicamente, em sua fala:

   a) opiniões fundadas no conhecimento científico.

   b) fatos ou acontecimentos relacionados com a obesidade.

   c) dados estatísticos que mostram a situação da obesidade entre crianças.

   d) informações técnicas destinadas a outros cientistas.

Capítulo 5

Nossa gente

O que caracteriza uma nação? Será seu povo? Será a língua? Será sua cultura e sua arte? Ou o seu espaço geográfico? Como é a nossa gente? Para você, o que é ser brasileiro?

Leia este texto do *site* da Fundação Nacional do Índio (Funai):

Povos indígenas isolados e de recente contato

A denominação "povos indígenas isolados" se refere especificamente a grupos indígenas com ausência de relações permanentes com as sociedades nacionais ou com pouca frequência de interação, seja com não índios, seja com outros povos indígenas.

Os registros históricos demonstram que a decisão de isolamento desses povos pode ser o resultado dos encontros com efeitos negativos para suas sociedades, como infecções, doenças, epidemias e morte, atos de violência física, **espoliação** de seus recursos naturais ou eventos que tornam **vulneráveis** seus territórios, ameaçando suas vidas, seus direitos e sua continuidade histórica como grupos culturalmente diferenciados.

Esse ato de vontade de isolamento também se relaciona com a experiência de um estado de autossuficiência social e econômica, quando a situação os leva a suprir de forma autônoma suas necessidades sociais, materiais ou simbólicas, evitando relações sociais que poderiam desencadear tensões ou conflitos interétnicos.

Segundo consta nas diretrizes da Funai, são considerados "isolados" os grupos indígenas que não estabeleceram contato permanente com a população nacional, diferenciando-se dos povos indígenas que mantêm contato antigo e intenso com os não índios.

No Brasil, a **Carta Magna**, em seu artigo 231, reconhece a organização social, os hábitos, os costumes, as tradições e as diferenças culturais dos povos indígenas, assegurando-lhes o direito de manter sua cultura, identidade e modo de ser, colocando-se como dever do Estado brasileiro a sua proteção.

Sendo assim, compete à Funai, através da Coordenação Geral de Índios Isolados e Recém-Contatados — GIIRC e por meio das Frentes de Proteção Etnoambiental, unidades descentralizadas da Funai especializadas na proteção dos povos indígenas isolados e de recente contato, garantir aos povos isolados o pleno exercício de sua liberdade e das suas atividades tradicionais sem a necessária obrigatoriedade de contatá-los (art.2º, inciso II, alínea "d", Decreto nº 7778/2012).

[...]

No âmbito internacional, existem diversos convênios, tratados e declarações destinados a proteger os direitos dos povos indígenas isolados, a saber:

• Declaração Universal dos Direitos Humanos (ONU, 1948);

O QUE É A CARTA MAGNA?

A tradição da Carta Magna iniciou-se na Idade Média, no século XIII, como uma forma de controlar eventuais abusos de poder por parte do rei.

Com os séculos, a Carta Magna de um país passou a ser a Constituição, produzida por representantes populares numa Assembleia Nacional Constituinte.

O Brasil já teve sete Constituições. A primeira delas surgiu em 1824, durante o Império. A mais recente é de 1988.

Carta Magna: Constituição do Brasil, o conjunto de leis que regem o país.

espoliação: saque, desapropriação.

vulnerável: frágil.

- Convenção 169 sobre Povos Indígenas e Tribais da Organização Internacional do Trabalho — (OIT) — das Nações Unidas (ONU, 1989);
- Convenção sobre Prevenção e Sanção do Genocídio (ONU, 1948);
- Declaração Universal sobre Diversidade Cultural da UNESCO (UNESCO, 2001);
- Convenção de Paris sobre Proteção do Patrimônio Intangível (UNESCO, 2003);
- Diretrizes de Proteção para os Povos Indígenas Isolados e Contato Inicial da Região Amazônica, Gran Chaco e Região Oriental do Paraguai (ONU, 2012).

Até o presente momento, a Convenção 169 da OIT é o instrumento internacional que representa o tratado mais avançado sobre o tema. Seus dispositivos estabelecem para os países que a ratificaram — como o Brasil — normas mínimas que visam à proteção dos grupos menos favorecidos, considerando uma igualdade de tratamento entre os povos indígenas e demais integrantes das sociedades nacionais.

Atualmente, no Brasil temos cerca de 107 registros da presença de índios isolados em toda a Amazônia Legal. Estes números podem variar conforme a evolução dos trabalhos indigenistas em curso realizados pela Funai. [...]

(Disponível em: http://www.funai.gov.br/index.php/nossas-acoes/povos-indigenas-isolados-e-de-recente-contato. Acesso em: 5/7/2020.)

1 ▪ De acordo com o texto:

a) O que são povos indígenas isolados?

b) O que os diferencia dos povos indígenas em geral?

c) Quantos são os povos indígenas isolados no país? Por que esse número pode variar?

2. Segundo o texto, os indígenas isolados optaram por viver dessa forma para preservar sua saúde, seus hábitos e sua cultura. Que consequências o contato com não indígenas pode trazer para eles no campo:

a) da saúde?

b) da economia?

c) da cultura?

3. Que condições esses povos têm de viver isolados?

4. No artigo 231 da Constituição brasileira se lê:

> São reconhecidos aos índios sua organização social, costumes, línguas, crenças e tradições, e os direitos originários sobre as terras que tradicionalmente ocupam, competindo à União demarcá-las, proteger e fazer respeitar todos os seus bens.
>
> (Disponível em: https://www.senado.leg.br/atividade/const/con1988/con1988_08.09.2016/art_231_.asp. Acesso em: 5/7/2020.)

a) De acordo com esse artigo, a proteção e o respeito às comunidades indígenas se voltam a todos os indígenas do país ou somente aos povos isolados?

b) Que órgãos do governo são responsáveis pela preservação dos povos indígenas isolados?

c) O que exatamente esses órgãos devem garantir?

5. A respeito do interesse de proteger os direitos dos povos indígenas, responda:

a) Esse é um interesse exclusivo da sociedade brasileira e de nossa Constituição? Justifique sua resposta.

b) Qual dos documentos internacionais tem sido o mais avançado e significativo?

6. Discuta com o professor e com os colegas:

- Você acha importante que os povos indígenas sejam protegidos por lei e vivam em ambientes seguros?

- O que se pode fazer, além do que já é feito, para evitar a extinção desses povos?

Palavras em contexto

1 Leia este trecho do 1º parágrafo do texto:

> A denominação "povos indígenas isolados" se refere especificamente a grupos indígenas com ausência de relações permanentes com as sociedades nacionais ou com pouca frequência de interação, seja com não índios, seja com outros povos indígenas.

Por que a expressão **povos indígenas isolados** está entre aspas?

_____
_____

2 Observe estas palavras do texto: **inter**étnicos, **etno**ambiental e **auto**ssuficiência. Dê o sentido das partículas destacadas nessas palavras, considerando também o contexto em que foram empregadas:

- **inter**, em "conflitos interétnicos"

_____
_____

- **etno**, em "proteção etnoambiental"

_____
_____
_____

- **auto**, em "um estado de autossuficiência social e econômica"

_____
_____
_____

3 Conheça parte da lei de proteção ao indígena da Constituição brasileira:

> **Art. 231.** São reconhecidos aos indígenas sua organização social, costumes, línguas, crenças e tradições, e os direitos originários sobre as terras que tradicionalmente ocupam, competindo à União demarcá-las, proteger e fazer respeitar todos os seus bens.
>
> § 1º São terras tradicionalmente ocupadas pelos índios as por eles habitadas em caráter permanente, as utilizadas para suas atividades produtivas, as imprescindíveis à preservação dos recursos ambientais necessários a seu bem-estar e as necessárias a sua reprodução física e cultural, segundo seus usos, costumes e tradições.
>
> § 2º As terras tradicionalmente ocupadas pelos índios destinam-se a sua posse permanente, cabendo-lhes o usufruto exclusivo das riquezas do solo, dos rios e dos lagos nelas existentes.
>
> § 3º O aproveitamento dos recursos hídricos, incluídos os potenciais energéticos, a pesquisa e a lavra das riquezas minerais em terras indígenas só podem ser efetivados com autorização do Congresso Nacional, ouvidas as comunidades afetadas, ficando-lhes assegurada participação nos resultados da lavra, na forma da lei.
> [...]
>
> (Disponível em: https://www.senado.leg.br/atividade/const/con1988/con1988_08.09.2016/art_231_.asp. Acesso em: 5/7/2020.)

O artigo 231 apresenta sete parágrafos, dos quais foram reproduzidos apenas os três acima.

a) Qual é o símbolo usado para indicar o parágrafo?

b) Qual é a relação entre o texto principal do artigo e os parágrafos?

4 Escreva por extenso as siglas a seguir.

a) ONU:

b) Unesco:

Texto e intertexto

Leia o gráfico:

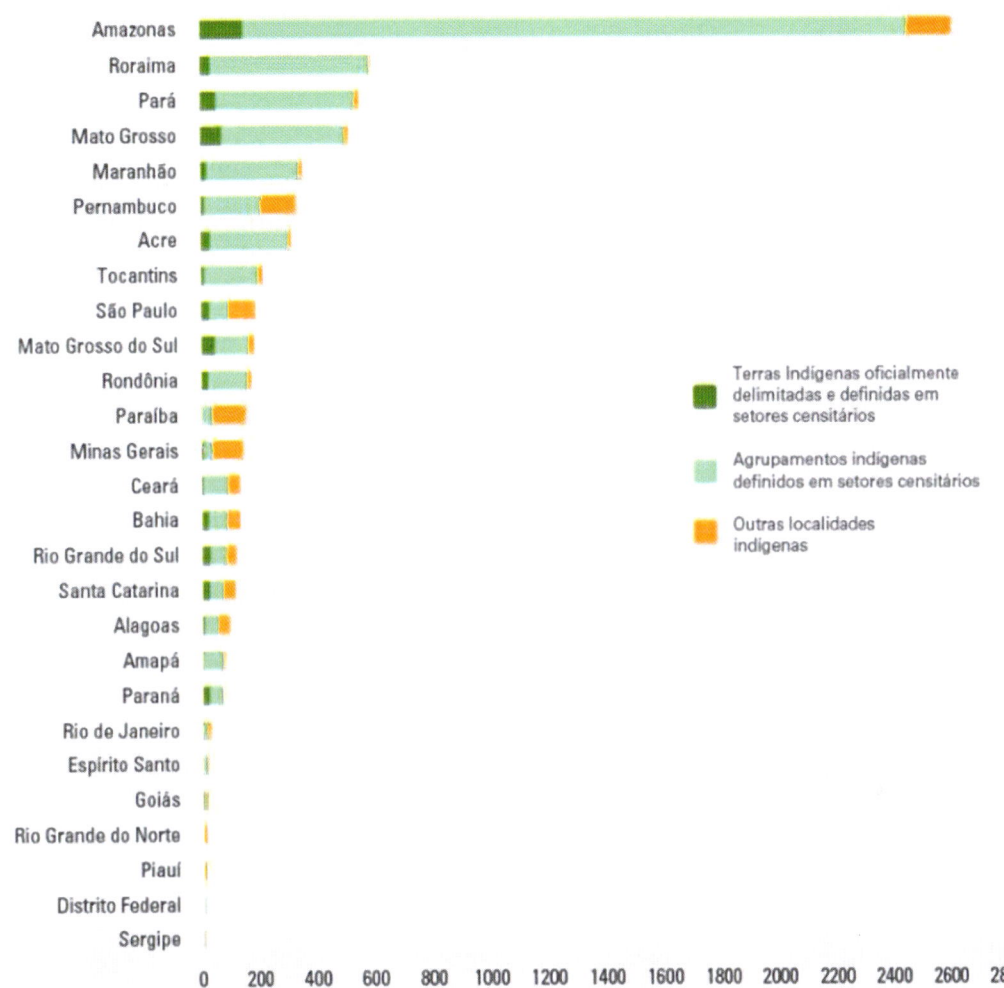

(Disponível em: https://agenciadenoticias.ibge.gov.br/agencia-noticias/2012-agencia-de-noticias/noticias/27487-contra-covid-19-ibge-antecipa-dados-sobre-indigenas-e-quilombolas. Acesso em: 6/7/2020.)

1 O órgão responsável pelas informações é o Instituto Brasileiro de Geografia e Estatística (IBGE), instituto público da administração federal brasileira criado em 1934.

a) Que tipo de informação o gráfico fornece?

b) Qual é o público-alvo do texto?

2. As informações estão organizadas em um gráfico.

a) Por que o gráfico favorece esse tipo de organização?

b) Qual é a função das cores no gráfico?

3. Observe o gráfico e responda:

a) Em qual Estado brasileiro há mais terras demarcadas e agrupamentos de indígenas?

b) Qual é o número total de agrupamentos indígenas vivendo nesse Estado?

c) Quais são os Estados em que há o menor número de terras demarcadas e agrupamentos indígenas?

4. Compare o texto "Povos indígenas isolados e de recente contato" com o infográfico do IBGE. O que há em comum entre os textos?

Exercícios

Leia o texto:

DE 04/01 ATÉ 01/03 **SÁBADOS E DOMINGOS, ÀS 17H40** **INGRESSO**
MAPA DOS SETORES **INFORMAÇÕES E PREÇOS**

Concebida e dirigida pelo jovem diretor Muriel Vitória, a história é uma ficção baseada na obra de Monteiro Lobato (cuja obra entrou em domínio público em 2019). O Grupo Trapo traz à cena um espetáculo infantojuvenil apresentando a famosa boneca da literatura infantojuvenil brasileira que resolve escrever suas "des-memórias". São memórias de meias verdades contadas do seu jeito. Para tal missão, ela conta com a ajuda do inseparável sábio Visconde de Sabugosa. Pedrinho, Dona Carochinha, o príncipe Escamado e até mesmo a Cuca ajudam Emília nesta missão de compartilhar suas desmemórias com o mundo.

Ficha Técnica

Direção e Concepção: Muriel Vitória
Elenco: Vitória Rabelo (Emília), Diego Britto (Visconde), Isaque Patrício (Pedrinho), Marília Pacheco (Dona Carochinha), Lucas Soares (Príncipe Escamado) e Priscilla Rosa (Cuca)
Iluminação: Iohann Iori Thiago
Produção de Figurinos e Adereços: Danilo Yabiku
Direção de Produção: Marina Hohne

SERVIÇO: AS DESMEMÓRIAS DA EMÍLIA — A MARQUESA DE RABICÓ

Temporada até: 01 de março
Apresentações: sábado e domingo, 17h40
Ingresso: R$50,00 (setor único)
Duração: 40 minutos
Classificação etária: a partir de 3 anos

(Disponível em: https://www.teatrofolha.com.br/event/festival-de-ferias-as-desmemorias-da-emilia-a-marquesa-de-rabico/#. Acesso em: 7/7/2020.)

1. Pelas características do texto, podemos concluir que se trata de:

   a) um cartaz que anuncia uma peça de teatro, oferecendo informações sobre ela e sobre a venda de ingresso.

   b) um ingresso para a peça teatral, que pode ser comprado pela internet.

   c) uma página de internet na qual se pode acessar informações sobre um filme e comprar ingresso.

   d) uma página de internet na qual se pode acessar informações sobre uma peça teatral e comprar ingresso.

2. O público-alvo do texto são:

a) adultos.

c) maiores de 60 anos.

b) principalmente crianças e adolescentes.

d) crianças de até 3 anos de idade.

3. O texto apresenta uma sinopse do espetáculo, isto é, um resumo das principais informações. O texto é:

a) de Monteiro Lobato.

b) de Visconde de Sabugosa e de Pedrinho.

c) de Muriel Vitória, baseado na obra de Monteiro Lobato.

d) de domínio público.

4. Na palavra **desmemória**, o prefixo **des-** tem o sentido de:

a) afirmação.
b) possibilidade.
c) direção.
d) ausência.

5. O espetáculo ficou em cartaz:

a) por um período indeterminado.

c) por dois meses, aproximadamente.

b) durante alguns dias apenas.

d) por dois anos.

Observe esta foto:

6. Trata-se de um tipo de manifestação artística conhecido como:

a) grafite.
b) cartum.
c) pichação.
d) desenho livre.

7. Esse tipo de arte é feito geralmente em centros urbanos, com a finalidade de:

a) impactar negativamente os transeuntes.

b) pôr o maior número possível de pessoas em contato com a arte.

c) enfeitar as esquinas.

d) colorir as calçadas.

8. A imagem chama a atenção das pessoas porque apresenta uma particularidade, que é:

a) o fato de criar um efeito de luz e sombra com a copa da árvore florida.

b) aproveitar a copa da árvore florida para servir de cabelo à personagem desenhada.

c) aproveitar os postes laterais para adornar a personagem desenhada.

d) trabalhar com jogo de cores em dois planos: na parte acima do muro e na parte de baixo, na calçada.

O texto a seguir pertence ao portal Domínio Público, que disponibiliza gratuitamente obras em formato digital. No tópico "Missão" do portal lê-se:

Missão

"Uma biblioteca digital é onde o passado encontra o presente e cria o futuro."

Dr. Avul Pakir Jainulabdeen Abdul Kalam
Presidente da Índia – 09/set/2003

O "Portal Domínio Público", lançado em novembro de 2004 (com um acervo inicial de 500 obras), propõe o compartilhamento de conhecimentos de forma equânime, colocando à disposição de todos os usuários da rede mundial de computadores — Internet — uma biblioteca virtual que deverá se constituir em referência para professores, alunos, pesquisadores e para a população em geral.

Este portal constitui-se em um ambiente virtual que permite a coleta, a integração, a preservação e o compartilhamento de conhecimentos, sendo seu principal objetivo o de promover o amplo acesso às obras literárias, artísticas e científicas (na forma de textos, sons, imagens e vídeos), já em domínio público ou que tenham a sua divulgação devidamente autorizada, que constituem o patrimônio cultural brasileiro e universal.

Desta forma, também pretende contribuir para o desenvolvimento da educação e da cultura, assim como possa aprimorar a construção da consciência social, da cidadania e da democracia no Brasil.

Adicionalmente, o "Portal Domínio Público", ao disponibilizar informações e conhecimentos de forma livre e gratuita, busca incentivar o aprendizado, a inovação e a cooperação entre os geradores de conteúdo e seus usuários, ao mesmo tempo em que também pretende induzir uma ampla discussão sobre as legislações relacionadas aos direitos autorais — de modo que a "preservação de certos direitos incentive outros usos" —, e haja uma adequação aos novos paradigmas de mudança tecnológica, da produção e do uso de conhecimentos.

(Disponível em: http://www.dominiopublico.gov.br/Missao/Missao.jsp. Acesso em: 7/5/2020.)

9. No ambiente do portal, entende-se por missão:

a) pregar uma religião em locais em que ela ainda não é conhecida.

b) executar algo a pedido de alguém.

c) definir os objetivos e princípios fundamentais de uma instituição.

d) motivar pessoas para alguma tarefa.

10. A biblioteca digital oferece obras literárias, artísticas e científicas (na forma de textos, sons, imagens e vídeos) com a finalidade de:

a) contribuir para o desenvolvimento da educação e da cultura.

b) arrecadar verbas para a instituição.

c) promover o nome da instituição.

d) ser reconhecida nacional e internacionalmente.

11. De acordo com a legislação brasileira, uma obra entra em domínio público após 70 anos contados do primeiro dia do ano subsequente da morte do autor. Quando uma obra está em domínio público, entende-se que, para utilizá-la:

a) é necessário pagar os direitos autorais.

b) não é necessário o pagamento de direitos autorais.

c) é preciso autorização de órgãos públicos.

d) é preciso pedir autorização aos descendentes do autor.

12. Podem acessar o portal Domínio Público:

a) pesquisadores do mundo todo.

b) alunos da rede estadual e municipal.

c) todos os usuários da internet.

d) professores.

13. No último parágrafo, afirma-se que o portal Domínio Público também incentiva a discussão sobre a legislação dos direitos autorais, o que permite inferir que, na visão dos criadores do portal:

   a) a legislação é muito rigorosa, impedindo que mais pessoas tenham acesso a bens culturais e artísticos.

   b) é preciso preservar, acima de tudo, os direitos autorais, a fim de que os autores possam viver de seu trabalho.

   c) o grupo de professores e pesquisadores deveria ter livre acesso a obras artísticas e culturais.

   d) todas as pessoas deveriam ter acesso à tecnologia da informação.

Observe esta obra do pintor brasileiro Almeida Júnior:

▶ *O violeiro* (1899).

14. Observe o cenário da tela e marque a afirmativa verdadeira:

   a) O tipo de construção e a janela mostram que se trata de uma casa situada em um centro urbano no século XX.

   b) A casa de taipa e os batentes rústicos da janela mostram que se trata de uma habitação humilde, talvez do meio rural brasileiro.

   c) O jogo de claro e escuro mostra detalhes do interior da casa onde se situam os personagens.

   d) Trata-se de uma casa em demolição, como se nota pela estrutura precária das paredes.

15. A tela retrata uma cena tipicamente brasileira na qual:

a) dois vizinhos conversam a respeito da vida alheia.

b) um homem toca a viola enquanto uma mulher o acompanha com seu canto.

c) um homem e uma mulher deixam de ir trabalhar para ficar tocando e cantando, como ocorre na fábula "A cigarra e a formiga".

d) se nota o desemprego que assola as pequenas cidades do interior do país.

16. A tela é um retrato:

a) dos problemas sociais brasileiros, como miséria e desemprego.

b) dos contrastes sociais do país, em que coexistem ricos e pobres.

c) de momentos de doçura e lirismo do povo brasileiro, independentemente do nível social e da origem.

d) da paixão do homem do Sertão nordestino pela viola.

17. Veja, a seguir, a tela que Mauricio de Sousa — criador da Turma da Mônica — fez com base na tela de Almeida Júnior.

▲ Chico violeiro.

Marque a alternativa incorreta:

a) O cenário rural e humilde da pintura original é mantido na pintura de Mauricio de Sousa.

b) Chico Bento corresponde ao violeiro da outra pintura, assim como Rosinha corresponde à mulher de vestido vermelho com bolinhas brancas.

c) A postura e a expressão dos personagens são exatamente iguais às da pintura original.

d) Chico Bento, que na Turma da Mônica é o menino caipira da roça, representa o universo rural da obra original.

Leia este texto, publicado no *site* do Consulado Geral de Portugal em São Paulo:

Reprodução/https://consuladoportugalsp.org.br/nacionalidade

Nacionalidade

▶ **Quem tem direito a requerer a nacionalidade portuguesa?**

Filhos de cidadãos portugueses, bem como netos, cônjuges e companheiros destes, e descendentes de judeus sefarditas portugueses, têm direito a requerer a nacionalidade portuguesa.

Os cidadãos nascidos nas ex-colônias e aqueles que por algum motivo tenham perdido a nacionalidade portuguesa, também têm direito a requerer a nacionalidade portuguesa.

As instruções para cada um desses casos encontram-se nos tópicos discriminados ao longo desta página. Veja entre os tópicos abaixo aquele que melhor se adéqua ao seu caso.

1. Se você é **filho de um cidadão português**, e este (pai, mãe ou ambos) nasceu em Portugal ou adquiriu a nacionalidade portuguesa por também ser filho de um cidadão português, clique aqui.
2. Se você é **neto de um cidadão português**, e seu pai (ou mãe) não adquiriu a nacionalidade portuguesa, clique aqui.
3. Se você é esposa de um cidadão português (nascido em Portugal ou com nacionalidade adquirida exclusivamente conforme o tópico 1, acima), cujo casamento ocorreu antes de **03 de Outubro de 1981**, clique aqui (somente se aplica às mulheres). Neste tipo de pedido, a mulher passa a ser portuguesa desde a data do casamento.
4. Se você é casado(a) **há mais de três anos** com cidadão português (nascido em Portugal ou com nacionalidade adquirida exclusivamente conforme o tópico 1, acima), clique aqui. Neste tipo de pedido, o cônjuge somente passa a ser português a partir da data em que for lavrado o registo.
5. Se você vive em **união estável há mais de três anos**, com cidadão português (nascido em Portugal ou com nacionalidade adquirida exclusivamente conforme o tópico 1, acima), clique aqui. Neste tipo de pedido, o(a) companheiro(a) somente passa a ser português a partir da data em que for lavrado o registo.
6. Se você é descendente de **judeus sefarditas portugueses**, e tem como comprovar, clique aqui.
7. Os filhos menores e nascidos em data anterior à aquisição de nacionalidade do pai (ou mãe) pelos tópicos 3, 4, 5 e 6 acima, têm direito a **aquisição por naturalização**. Se é este o caso, clique aqui.

> 8. Se você perdeu a nacionalidade portuguesa (optou pela nacionalidade brasileira quando a lei não permitia ter as duas) e pretende **readquirir a nacionalidade portuguesa**, clique aqui.
>
> 9. Se você nasceu numa ex-colônia portuguesa quando esta ainda pertencia a Portugal e, portanto, necessita fazer a **Conservação de Nacionalidade**, clique aqui.
>
> 10. Se você obteve a nacionalidade por ser neto de cidadão português (aquisição) e pretende convertê-la em uma atribuição, e com isso passar esse direito para seus filhos, clique aqui.?
>
> (Disponível em: https://consuladoportugalsp.org.br/nacionalidade/. Acesso em: 7/7/2020.)

18. O texto é do Consulado Português, em São Paulo, e tem por finalidade:

a) instruir pessoas que queiram requerer nacionalidade portuguesa e brasileira, definindo os pré-requisitos necessários.

b) oferecer a nacionalidade portuguesa aos brasileiros interessados em viver na Europa.

c) selecionar cidadãos para adquirir nacionalidade portuguesa, desde que tenham nascido numa ex-colônia.

d) orientar as pessoas que desejam ter direito à nacionalidade portuguesa, esclarecendo os critérios e as providências a serem tomadas.

Lisboa, um dos destinos mais procurados por brasileiros que desejam viver em Portugal.

19. O usuário que busca pelo *site*:

a) não deseja mais ser considerado cidadão brasileiro.

b) deseja a dupla cidadania: brasileira e portuguesa.

c) são netos de portugueses.

d) deseja legalizar sua situação com o governo brasileiro.

20. Cada tópico do documento serve para:

a) todas as pessoas interessadas.

b) descendentes de todos os países da Europa.

c) quem já é cidadão português.

d) casos específicos.

21. A função do **clique aqui**, no final de cada item, é:

   a) direcionar o usuário para uma página diferente.

   b) fechar a página.

   c) explicar com mais detalhes, em outra página, cada um dos itens.

   d) comentar todos os itens anteriores.

Leia o texto:

(Fernando Gonsales. *Níquel Náusea – Cadê o ratinho do titio?* São Paulo: Devir, 2011. p. 17.)

22. No último quadrinho, o personagem afirma que é contrário a bater em criança. Na verdade, ele expressa essa opinião porque:

   a) as aves pequenas não conseguiriam bater em criança, pois sentem pena.

   b) as aves pequenas estão com medo de apanhar do filhote do cuco.

   c) está ironizando, uma vez que aves pequenas conseguiriam bater em qualquer pássaro.

   d) somente uma das aves pequenas não conseguiria bater em um pássaro bebê.

23. Apesar do tamanho do pássaro, é possível inferir que se trata de um filhote:

   a) por causa do piado que a ave emite.

   b) pelas características dos olhos da ave.

   c) por causa da ausência de penas e do bico da ave.

   d) por causa do modo de sentar da ave.

Capítulo 6

Meio ambiente: nossa casa

Desmatamentos, maus-tratos aos animais, poluição, miséria, desperdício de alimentos... Como podemos interferir no meio ambiente, ser solidários ao próximo e melhorar o mundo em que vivemos?

▶ Sivan Ya'ari em uma de suas missões na África.

Leia a entrevista a seguir e o texto de apresentação.

O repórter-mirim Joseph F., de 8 anos, entrevistou a israelense Sivan Ya'ari, fundadora da organização Innovation: Africa, que tem como objetivo levar água limpa e energia para aldeias africanas. Na conversa, Sivan contou um pouco sobre como funcionam as instalações que a organização oferece e como se sente ao ver o projeto ganhando força.

Há muitas pessoas sem luz e água na África?
Atualmente, 620 milhões das pessoas que vivem na África não têm acesso à eletricidade — esse número é quase duas vezes a população dos Estados

Unidos. Além disso, mais de 350 milhões de africanos não têm água limpa e acabam bebendo água suja.

Como você teve a ideia de ajudar os países africanos?

Quando eu trabalhava para a [empresa de roupas] Jordache, em Madagascar, fazendo o controle das fábricas, visitei algumas aldeias. Era a minha primeira vez na África e meu primeiro contato com a "pobreza de verdade". Sempre achei que minha infância em Israel e na França tinha sido pobre, mas, depois de passar um tempo na África, percebi que eu era privilegiada. Decidi continuar meus estudos em Nova York [Estados Unidos] e estudei energia para descobrir como fazer a diferença nas aldeias que visitei. Depois de arrecadar dinheiro com amigos, viajei para a Tanzânia e instalei um painel solar e lâmpadas em um centro médico e uma escola. Quando voltei para ver como estavam as coisas por lá, percebi que havia cometido um grande erro. Ao falar com a diretora da escola, ela agradeceu, mas disse que as crianças eram fracas demais para ir às aulas — elas andam muito em busca de água, que, além do mais, é suja e traz doenças. Então, Innovation passou a ter a missão de levar às aldeias não apenas tecnologia solar, como também hidráulica [com bombeamento de água] e agrícola [com sistema de irrigação, que molha as plantações de alimentos].

Você volta às aldeias para ver se as coisas melhoraram?

Com certeza. Sempre levamos doadores para as aldeias, para que eles vejam como funciona o projeto na prática e possam interagir com membros da comunidade que tiveram a vida transformada. É uma experiência única ver as pessoas acendendo a luz ou abrindo uma torneira instalada pela organização.

Quantas crianças a Innovation: Africa ajudou?

Colaboramos com mais de 1,5 milhões de pessoas. As crianças são grande parte desse número, especialmente porque nossos projetos ensinam as próximas gerações em escolas, orfanatos e centros médicos.

Você acha que, por ser de Israel, onde há muita tecnologia, foi mais fácil fazer o projeto?

Israel é um centro de criatividade, inovação e solução de problemas. Temos algumas das mentes mais brilhantes em energia renovável, tecnologia da água, *design* e muito mais. Para um país tão pequeno, há muitas oportunidades e potencial, então temos que compartilhar isso com outras nações.

O QUE É O PROJETO INNOVATION: AFRICA?

O projeto Innovation: Africa leva energia e água limpa para aldeias isoladas do continente africano. A organização foi criada, em 2008, pela israelense Sivan Ya'ari e já concluiu 300 instalações de painéis solares, fornecendo luz, bombeamento de água limpa, irrigação para a agricultura e refrigeração para vacinas e medicamentos a mais de 1,5 milhão de pessoas, em dez países.

(Disponível em: https://www.jornaljoca.com.br/luz-e-agua-para-a-africa. Acesso em: 27/6/2020.)

Israel tem problemas semelhantes aos de alguns países africanos, como a seca?

Basicamente, estamos aplicando na África o que os israelenses usaram para fazer o deserto florescer e conseguir água potável [adequada para o consumo]. mO terreno e o clima são muito parecidos em Israel e na África.

Como contribuir com a Innovation: Africa?

É possível fazer isso criando uma página de campanha de arrecadação de dinheiro no *site*: icampaign-innoafrica.org/signup. Toda doação vai diretamente para uma aldeia na África, e nossa equipe avisa sobre como o projeto está indo.

(Disponível em: https://www.jornaljoca.com.br/luz-e-agua-para-a-africa/. Acesso em: 27/6/2020.)

1 ▪ A organização Innovation: Africa foi criada pela israelense Sivan Ya'ari.

a) Qual é o objetivo da organização?

_____

_____

b) Como surgiu a ideia de ajudar os países africanos?

_____

_____

2 ▪ Na África, há muitas pessoas sem água e sem luz. De acordo com o texto, quantos africanos vivem:

a) sem água limpa? _____

b) sem luz? _____

3 ▪ Quais são as consequências de a população não beber água limpa?

_____

4 ▪ Depois de conhecer a pobreza de alguns povoados na África, Sivan tomou algumas iniciativas.

a) O que estudou em Nova Iorque com o objetivo de ajudar esses povoados?

_____

b) O que ela fez na Tanzânia?

_____

_____

c) Segundo Sivan, qual foi seu erro na Tanzânia? Por quê?

d) Quais foram as medidas tomadas pela organização, depois da conversa com a diretora da escola?

5. Segundo a idealizadora do projeto, por que o país de origem dela, Israel, é um centro de criatividade, inovação e solução de problemas?

6. O que há em comum entre Israel e a África para que se utilize a mesma tecnologia?

7. A reportagem foi realizada pelo repórter-mirim Joseph F. para o *Jornal Joca*. O garoto contou:

> "Descobri o Innovation: Africa quando minha mãe me mostrou um vídeo da inauguração de uma bomba d'água em um vilarejo africano e vi a alegria das crianças e dos adultos quando a água aparecia. Fiquei impressionado porque nunca tinha pensado em como algumas pessoas podiam viver sem água encanada e energia elétrica."

a) O que Joseph sentiu ao saber que muitas pessoas viviam sem água e luz elétrica?

b) Com que finalidade a entrevista foi feita?

c) Responda oralmente: E você, qual foi o sentimento que teve ao ler a reportagem?

d) Você conhece outros projetos sociais, dentro ou fora do Brasil? Se sim, conte para os colegas.

Palavras em contexto

1 Observe esta afirmação de Sivan Ya'ari:

> Era a minha primeira vez na África e meu primeiro contato com a "pobreza de verdade".

a) Qual é o sentido da expressão **pobreza de verdade** no contexto?

b) O que justifica o emprego das aspas nessa expressão?

2 Observe estes trechos da entrevista:

> - "Decidi continuar meus estudos em Nova York [Estados Unidos]"
> - "Innovation: África passou a ter a missão de levar às aldeias não apenas tecnologia solar, como também hidráulica [com bombeamento de água] e agrícola [com sistema de irrigação, que molha as plantações de alimentos]."

Explique o emprego dos colchetes:

a) em **Estados Unidos**?

b) nas expressões **com bombeamento de água** e **com sistema de irrigação, que molha as plantações de alimentos**?

3 Observe o trecho:

> "[...] elas andam muito em busca de água, que, além do mais, é suja e traz doenças."

Qual é o sentido da expressão **além do mais**, no contexto? Explique.

Texto e intertexto

Leia o texto a seguir.

Tartaruga resgatada com plástico no intestino é devolvida ao mar após tratamento, na PB; VÍDEO

Animal foi encontrado por pescadores com machucado na cabeça; veterinários encontraram plástico após exames.

Tartaruga é devolvida ao mar após tratamento, em João Pessoa (PB).

Uma tartaruga foi devolvida ao mar da Praia dos Seixas, nesta sexta-feira (3), em João Pessoa. O animal foi encontrado em dezembro por pescadores e estava com um machucado na cabeça. A **TV Cabo Branco** acompanhou o retorno do animal ao seu *habitat* ao vivo.

De acordo com o veterinário Thiago Nery, a tartaruga tem 72kg, é um macho, adulto, da raça tartaruga-de-pente que pode viver mais de 100 anos, e costuma nascer e desovar no litoral da Paraíba.

O animal foi encontrado em dezembro por pescadores na praia de Marcação, Litoral Norte do estado. A tartaruga estava com um machucado na cabeça e com problemas de locomoção.

Após o tratamento do ferimento, segundo o veterinário, foram realizados exames e foi encontrada uma grande quantidade de plástico no intestino do animal, iniciando um novo tratamento para a retirada do lixo.

Segundo o veterinário, a quantidade de plástico no animal também atrapalha sua locomoção, já que o plástico estava com gás que inviabiliza a flutuação da tartaruga, que fica impedida de ir ao fundo do mar se alimentar e com o casco exposto ao sol, correndo o risco de queimaduras.

"A gente tem as tartarugas que são animais, que eu acredito, que a população já associou que é um animal que sofre bastante com esse lixo, com plásticos nas águas, mas a gente tem que falar na verdade de toda fauna marinha, que tem animais filtradores, que passam por isso com microplásticos a plásticos enormes. Esse alerta é pra nunca poluir os oceanos, na verdade nunca poluir nossas cidades também", afirmou Thiago Nery.

(Disponível em: https://g1.globo.com/pb/paraiba/noticia/2020/01/03/tartaruga-resgatada-com-plastico-no-intestino-e-devolvida-ao-mar-apos-tratamento-na-pb-video.ghtml. Acesso em: 28/6/2020.)

1 Uma tartaruga-de-pente foi encontrada na praia de Marcação, no litoral norte da Paraíba.

a) Quem a encontrou?
_____

b) Qual era o estado do animal?
_____
_____

2 Plásticos foram encontrados no intestino do animal. Levante hipóteses:

a) Como isso pode ter ocorrido?
_____
_____
_____

b) De onde vêm os plásticos?
_____
_____
_____

c) Quais são as consequências da ingestão desse material para a tartaruga?
_____
_____
_____
_____

3 Qual foi o procedimento adotado diante da situação da tartaruga?
_____
_____
_____

4 A respeito da notícia, responda:

a) Qual é o tema central do texto?
_____
_____
_____
_____

b) Qual é o objetivo do jornal ao noticiar esse fato?

5. Segundo o texto, além das tartarugas, que outros animais podem sofrer com a poluição do mar por plásticos e microplásticos?

6. Compare a entrevista com a ativista Sivan Ya'ari, que você leu no início deste capítulo, e a notícia sobre a tartaruga-de-pente.

   a) O que há em comum entre os textos?

   b) Em qual dos textos você pode inferir valores sociais e humanos envolvidos? Justifique sua resposta.

Exercícios

Leia o texto:

(Disponível em: https://4pjitapevi.files.wordpress.com/2011/11/maus_tratos1.jpg. Acesso em: 28/6/2020.)

1. No cartaz está escrito: "Maus-tratos é **CRIME**". O vocábulo **crime** está escrito em letras maiúsculas e em vermelho para:

    a) alertar sobre a gravidade de maltratar os animais e a existência de uma lei que pune os infratores.

    b) comentar os maus-tratos praticados contra os animais, fazendo um apelo à população.

    c) informar sobre os maus-tratos praticados contra animais silvestres, o que é tolerado pela lei.

    d) destacar os maus-tratos em animais indefesos, fazendo um apelo emocional à população, a fim de que crimes como esses sejam evitados.

2. A imagem mostra que o pássaro está:

    a) preso.

    b) paralisado.

    c) mutilado.

    d) tranquilo nas mãos da pessoa.

3. Na parte inferior do cartaz, vemos o logotipo do Ministério do Meio Ambiente. Logo, esse cartaz cumpre o objetivo de:

    a) promover campanhas sobre animais silvestres.

    b) inibir os maus-tratos aos animais por meio de denúncias.

    c) promover uma campanha de preservação do meio ambiente em geral.

    d) esclarecer quais são os maus-tratos praticados contra os animais.

Leia o infográfico a seguir.

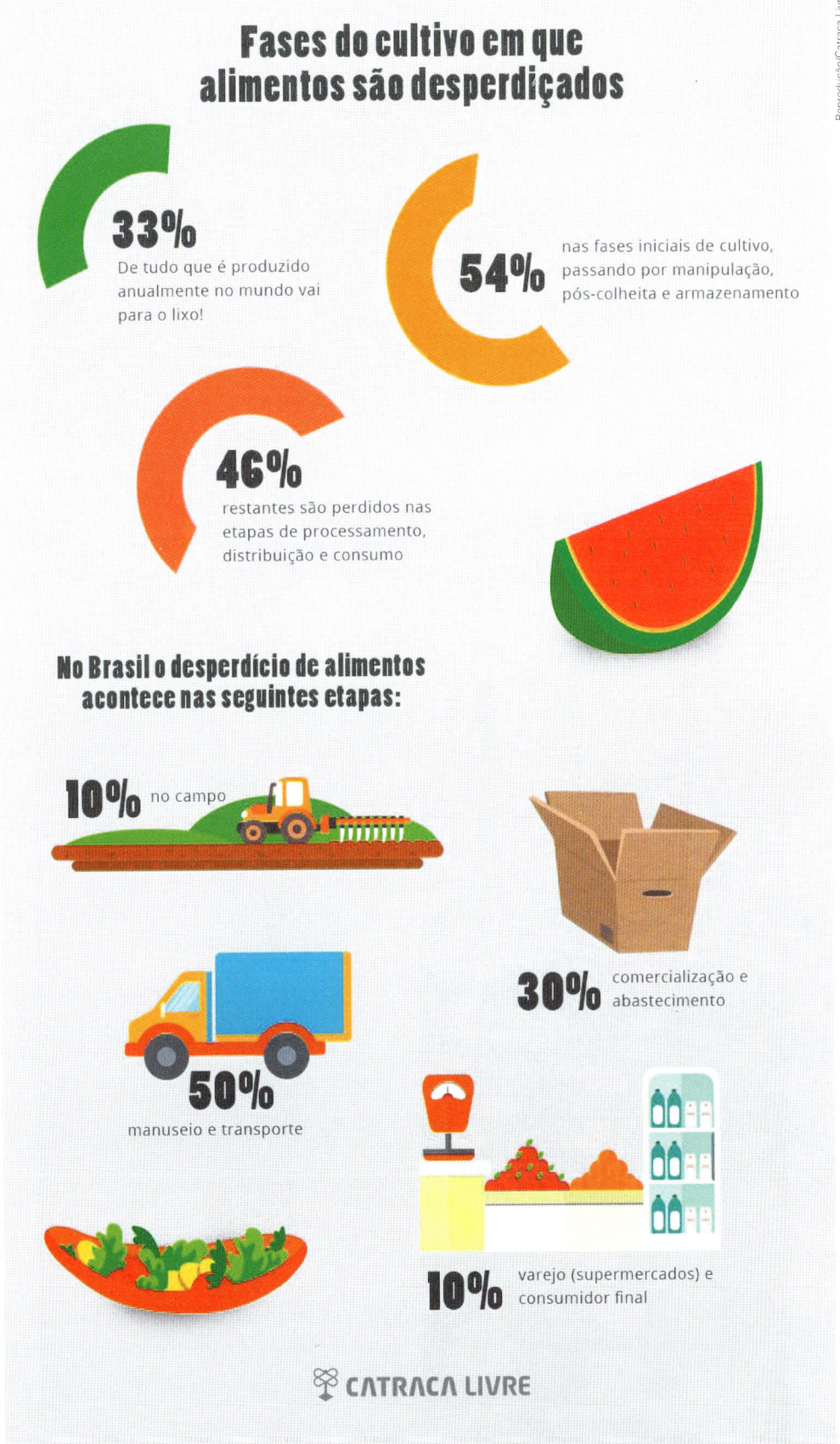

(Disponível em: https://catracalivre.com.br/especiais/desperdicio-de-alimento/. Acesso em: 28/6/2020.)

4. Segundo o infográfico, no Brasil, o menor desperdício de alimento ocorre:

   a) no abastecimento.

   b) no transporte.

   c) no campo, no varejo e com o consumidor final.

   d) no manuseio e no transporte.

5. No Brasil, o maior desperdício de alimentos ocorre:

   a) no manuseio e no transporte.

   b) com o consumidor final.

   c) no campo.

   d) na comercialização.

6. De tudo o que é produzido de alimentos em todo o mundo anualmente:

   a) cerca de metade vai para o lixo.

   b) cerca de um terço vai para o lixo.

   c) mais da metade vai para o lixo.

   d) uma pequena parte vai para o lixo.

Observe a gravura de Escher a seguir.

7. É correto afirmar que a gravura:

   a) é formada por um único plano, constituído de peixe, folhas e sombras.

   b) reúne três planos e cada um deles corresponde a um mundo.

   c) constitui três mundos, todos formados por água.

   d) reúne três mundos e cada um deles corresponde a três planos de vida.

8. É correto dizer que:

   a) há raízes profundas nesse lago ou rio.

   b) em primeiro plano, o que se vê é o fundo do rio.

   c) as árvores se refletem sobre a água.

   d) o mundo da água tem destaque sobre o mundo animal e o vegetal.

(M. C. Escher. Três mundos. In: Escher — gravuras e desenhos. Rio de Janeiro: Paisagem.)

9. As folhas da gravura permitem deduzir que:

   I. há uma lagoa ou um rio na floresta.

   II. há diferentes tipos de árvore na floresta.

   III. é outono.

   IV. há peixes nadando na lagoa ou no rio.

Estão corretas:

a) I e II.   b) I, II e III.   c) II e IV.   d) I, II, III e IV.

Observe o quadrinho de Quino e responda:

10. O que a personagem Mafalda está fazendo?

   a) Está brincando com o globo terrestre.

   b) Está estudando o globo terrestre.

   c) Está medicando o globo terrestre.

   d) Está limpando o globo terrestre.

11. Interprete: O que a ação da personagem sugere?

   a) Sugere que o mundo está sujo.

   b) Sugere que, na visão da menina, o mundo está doente; por isso, ela tenta curá-lo.

   c) Sugere que, na visão da menina, o mundo precisa ser estudado; por isso, ela faz um experimento.

   d) Sugere que o mundo não deve ser levado a sério.

Leia o cartaz:

(Fotos: Reprodução/Sabesp/Secretaria de Energia, Recursos Hídricos e Saneamento/Governo do Estado de São Paulo)

12. O texto é formado por duas partes. Na primeira parte, aparece a identificação dos responsáveis pelo texto: a Companhia de Saneamento Básico do Estado de São Paulo (Sabesp), a Secretaria de Energia, Recursos Humanos e Saneamento e o Governo do Estado de São Paulo. Quanto ao gênero e à finalidade do texto, pode-se afirmar que se trata de:

a) um anúncio publicitário que visa estimular as pessoas a consumir mais água.

b) um relato que descreve passo a passo como as pessoas têm consumido água na cidade.

c) um texto de campanha comunitária que tem o objetivo de orientar as pessoas sobre o consumo racional de água.

d) uma história em quadrinhos que demonstra como as pessoas consomem água na cidade.

13. A segunda parte do texto é constituída por instruções sobre o uso racional da água. Observe que, ao lado dos enunciados verbais, há algumas ilustrações. Sobre o papel das ilustrações, é correto afirmar que:

a) elas comprovam que o texto é voltado exclusivamente ao público infantil, pois são as crianças que desperdiçam mais água.

b) elas facilitam a leitura da mensagem verbal, reforçam as informações principais e contribuem para que o texto atinja todas as faixas etárias.

c) elas veiculam as informações mais importantes do texto. A mensagem verbal poderia perfeitamente ser eliminada do texto, sem prejuízo para a sua compreensão.

d) como a linguagem verbal é complexa e de difícil compreensão, as ilustrações são indispensáveis para que o texto alcance seu objetivo.

Leia o cartum ao lado.

14. Observe a imagem. O que a máquina está fazendo?

a) Apertando o tronco de uma árvore.

b) Arrancando uma árvore.

c) Replantando uma árvore.

d) Alinhando árvores.

15. Assinale a alternativa em que há a melhor interpretação do cartum.

a) Todos os homens estão preocupados com a natureza.

b) Enquanto alguns homens preservam a natureza, outros a destroem.

c) É preciso plantar árvores para cortá-las.

d) Cortar árvores promove equilíbrio na natureza.

16. O cartum denuncia um problema relacionado:

a) às relações sociais.

b) às relações políticas.

c) ao meio ambiente.

d) à saúde.

(Oscar. Ecocartoon — 3º Salão Internacional Pátio Brasil de Humor sobre o Meio Ambiente. Brasília: Pátio Brasil Shopping, 2010. p. 108.)

Leia o poema:

A terra

Arada de novo
com a alma de artista
no chão de setembro
e no dia de ontem
a terra é macia
e cobre de flores
de todas as cores
e todos os nomes
a pele de outono.
De manhã morna
de tarde quente
e de noite tão fria
ela espera a chuva
a semente e o homem.

(Carlos Rodrigues Brandão. *O jardim de todos*. São Paulo: Autores Associados, 2004. p. 14.)

17. O tema do poema lido pode ser considerado:

a) os problemas sociais.
b) a destruição do meio ambiente.
c) os ciclos da natureza.
d) a vida no meio urbano.

18. No verso "**ela** espera a chuva", o termo destacado refere-se:

a) à semente.
b) à terra.
c) ao homem.
d) à tarde quente.

19. As palavras que rimam entre si são:

a) novo/setembro.
b) ontem/macia.
c) flores/cores.
d) quente/fria.

Leia esta anedota:

[...] Num diminuto lugarejo da Suécia, havia um lenhador extraordinário: baixinho, miudinho, magrinho, mas, diziam, conseguia derrubar dez árvores em dez minutos. Sua fama, como era de se esperar, espalhou-se pelo mundo afora.

A CNN mandou um repórter entrevistá-lo:
— Quer dizer que você derruba dez árvores em dez minutos?
— Às vezes, mais.
— E qual foi o seu primeiro emprego?
— Deserto do Saara!
— Peraí... No Saara não tem floresta alguma.
— HOJE!...

(Donaldo Buchweitz (org.). *Piadas para você morrer de rir*. Belo Horizonte: Leitura, 2001. p. 33.)

20. No texto, percebe-se certa informalidade na linguagem, evidente principalmente no uso de:

a) CNN.

b) peraí.

c) miudinho.

d) lugarejo.

21. A resposta "— HOJE!...", dada pelo lenhador ao repórter, está grafada com letras maiúsculas. Interprete: Que efeito de sentido tem o emprego de maiúsculas nessa palavra?

a) Elas reforçam os atributos do homem, sugerindo que no passado existia floresta no deserto.

b) Elas sugerem que o personagem concorda com o repórter sobre a inexistência de floresta no deserto.

c) Elas destacam a discordância do personagem em relação à inexistência de floresta no deserto na atualidade.

d) Elas tentam convencer o repórter de que nunca houve floresta no deserto do Saara.

22. O lenhador, que vivia em um "diminuto lugarejo", é descrito como "baixinho, miudinho, magrinho". Que papel têm os diminutivos na construção do humor da anedota?

a) Eles acentuam a ideia de que o lenhador era um homem frágil.

b) Eles acentuam a diferença entre a condição física do lenhador e o que ele fazia, contradição que gera o humor do texto.

c) Os diminutivos estão empregados de forma emotiva, carinhosa, como recurso para despertar a simpatia do leitor em relação ao lenhador.

d) Os diminutivos nem sempre dão ideia de tamanho, como ocorre com as palavras baixinho, miudinho e magrinho.

Capítulo 7

Descobertas

O ser humano é, por natureza, um incansável aventureiro, em busca de descobertas. O desejo de viajar pelos céus ou de explorar o fundo do mar; o desejo de ir para a Lua ou para Marte; o desejo de compreender como viviam nossos antepassados por meio de vestígios de centenas e até de milhões de anos atrás... Para tudo pode haver resposta. Só é preciso descobri-la.

Leia o texto a seguir.

Empresa americana lança o cão robótico mais avançado do mundo

Novidade abre caminho para uma nova — e espetacular — geração de máquinas inteligentes

Roslan Rahman/AFP

Os notáveis avanços da robótica e da inteligência artificial levaram muitas pessoas a imaginar quando as supermáquinas começariam a substituir seres de carne e osso em atividades que não fossem meramente industriais. Esse dia chegou — é agora. Desde 17 de junho, a empresa americana de tecnologia Boston Dynamics vende, em sua página na internet, aquele que vem sendo considerado o primeiro robô-cachorro de alta performance do mundo. Chamado Spot, ele tem um complexo sistema de câmeras e sensores que lhe permite movimentar-se em todas as direções, levantar, abaixar e rolar no chão, subir e descer escadas, superar terrenos pedregosos e escorregadios, enfrentar calor extremo e frio intenso, além, é claro, de realizar atividades corriqueiras, como acompanhar o dono em singelas caminhadas pelo parque. Spot é comandado por controle remoto e seu corpo esguio, com pernas finas e longas, lembra os cachorros da família galgo, conhecidos por participar de competições de velocidade. Mas o cão-robô não é tão rápido assim, atinge no máximo 5 quilômetros por hora. Ele não late e jamais abana o rabo — mas também não suja o tapete nem estraga chinelos.

A Boston Dynamics criou Spot com a ideia de utilizá-lo para fins corporativos, apesar da aparência canina. Os primeiros clientes estão testando o robô no monitoramento de canteiros de obras, na inspeção de instalações remotas de gás, petróleo e energia, e nos serviços de segurança pública. "Nós vendemos o Spot principalmente para grandes companhias e governos", diz o americano Michael Perry, diretor da Boston Dynamics. "Geralmente, ele é empregado em situações perigosas ou quando há a necessidade de executar tarefas repetitivas." Uma das explicações para a dificuldade de aplicação comercial do cão-robô deve-se ao preço. Ele é negociado por 74 500 dólares — valor equivalente a um carro de luxo —, o que afasta potenciais compradores. Isso, porém, não deve durar muito tempo. Como em outras áreas, novas tecnologias sempre são lançadas a preços exorbitantes, para mais tarde se tornar acessíveis.

Apesar da vocação para o trabalho, Spot tem grande potencial para uso recreativo. Na internet, viralizaram vídeos que mostram as estripulias do cão-robô, e pessoas de todas as idades certamente poderão se divertir com um companheiro desse tipo. E Spot é apenas um ponto de partida. A Boston Dynamics pretende lançar para o público ao menos mais quatro modelos de robô. Dois deles vão imitar animais, como um cavalo e um guepardo, e outros dois terão formas humanoides. Entre os androides, o mais famoso é o Atlas, também fabricado pela Boston Dynamics e que faz sucesso nas redes sociais pela forma rude como seus criadores o abordam. Nas exibições feitas pela internet, costuma receber uma saraivada de socos e chutes, enquanto dá saltos acrobáticos para superar obstáculos. Obediente, Atlas não reclama do tratamento pouco amigável — pelo menos por ora. Felizmente, cientistas acham que vai demorar para chegar o dia em que máquinas possam expressar algum tipo de sentimento.

[...]

Para os humanos, os robôs representam, de fato, uma ameaça real: cada vez mais eles substituirão funcionários nas atividades laborais, o que certamente levará a uma série de debates sobre a ética de fabricar máquinas para exercer tarefas profissionais, enquanto o mercado de trabalho vê sumirem milhões de empregos. Por mais que o tema possa causar incômodo, será impossível deter o progresso. O futuro será assim, e caberá aos humanos criar formas de tornar a convivência entre máquinas e homens mais aceitável. Também é preciso dizer que, embora Spot seja inteligente e divertido, jamais será capaz de tomar o lugar de um cachorro de verdade. Ele pode até correr no parque e ser eficiente em muitos outros afazeres, mas não é dotado de um coração pulsante que, aconteça o que for, manterá o seu amor incondicional pelo dono.

(*Veja*, 1/7/2020.)

1. A empresa americana de tecnologia Boston Dynamics lançou no mercado um novo produto: o cão Spot.

    a) O que é o cão Spot?

    b) Quais são as características desse cão?

2. Spot assemelha-se aos cães verdadeiros nos movimentos.

    a) Como isso é possível?

    b) Que características geralmente indesejáveis de um cão comum Spot não tem?

3. A empresa que criou Spot tem uma finalidade comercial.

    a) Que tarefas pode fazer o cão-robô?

    b) O que dificulta a venda em massa do cão-robô?

    c) Apesar de ser criado para o trabalho, o cão tem potencial para outros usos?

4. O preço do cão robótico equivale ao de um carro de luxo. Segundo o texto:

    a) Por que isso ocorre?

    b) Quando a compra poderá se tornar acessível?

5. A empresa Boston Dynamics pretende lançar no mercado pelo menos mais quatro tipos de robô.

a) Como eles serão?

b) Por que o androide Atlas, também fabricado pela empresa Boston Dynamics, faz sucesso nas redes sociais?

6. Segundo o texto, no futuro, cada vez mais os robôs irão substituir os humanos em diversas tarefas. Que consequência negativa essa iniciativa pode trazer para o ser humano?

7. Segundo o texto, o ser humano terá de criar formas de conviver com as máquinas de maneira aceitável, pois é inevitável o progresso.

a) Qual é a opinião do autor do texto em relação à substituição de um cão de verdade por um cão robótico?

b) Qual é o principal motivo?

8. Assinale o item que expressa a opinião do autor do texto, e não um fato:

a) "A Boston Dynamics criou Spot com a ideia de utilizá-lo para fins corporativos"

b) "Nós vendemos o Spot para grandes companhias e governos"

c) "Por mais que o tema possa causar incômodo, será impossível deter o progresso."

d) "Ele é negociado por 74 500 dólares — valor equivalente a um carro de luxo"

9. Discuta com o professor e os colegas os temas a seguir, ou outros que deseje incluir, defendendo seu ponto de vista com bons argumentos.

- Qual é a sua opinião sobre a criação de *pets*-robôs?
- No futuro, a convivência entre seres humanos e androides será normal? Por quê?
- As pesquisas que visam à substituição do trabalho humano pelo trabalho robótico devem continuar? Por quê?

Palavras em contexto

Releia este trecho do texto:

> "Os notáveis avanços da robótica e da inteligência artificial levaram muitas pessoas a imaginar quando as supermáquinas começariam a substituir seres de carne e osso em atividades que não fossem meramente industriais."

1 Que palavra demonstra uma avaliação do autor, isto é, um julgamento a respeito da tecnologia e da robótica?

2 Que sinônimos podem ser utilizados no lugar de **meramente** sem alterar o sentido do enunciado?

3 A que ou a quem se refere a expressão **seres de carne e osso**?

4 Por que a palavra **supermáquinas** (super + máquinas) foi escrita sem hífen?

5 Considerando o contexto, qual é o sentido:

a) da palavra **saraivada**?

b) da expressão **amor incondicional**?

6 Faça uma pesquisa em dicionários, enciclopédias e na internet e troque ideias com o professor e os colegas sobre a seguinte questão: O que é a ciência da robótica e da inteligência artificial?

Texto e intertexto

Leia o texto a seguir.

Conheça o trabalho de busca, resgate e salvamento com cães realizado pelo CBMGO

Para eles, tudo é uma grande aventura. Sem pensar duas vezes, os cães do Corpo de Bombeiros Militar do Estado de Goiás (CBMGO) adentram o meio do mato, atravessam morros e córregos, reviram escombros e, ainda, auxiliam na atividade de perícia de incêndio. Atualmente, a Corporação conta com 15 cães e 14 bombeiros militares treinadores em Anápolis, Goiânia, Luziânia e Rio Verde.

E para fazer parte do seleto grupo de salvamento, não basta ter o faro apurado, os cães precisam ser curiosos, dóceis e brincalhões. Segundo o Sargento Leonardo Dias Soares, membro da equipe de Busca, Resgate e Salvamento com Cães (BRESC) do 3º Batalhão Bombeiro Militar, em Anápolis, para verificar se os cachorros têm essas características, são submetidos quando filhotes a provas que testam suas capacidades. "Um teste vocacional avalia a socialização do animal com pessoas e ambientes diversos e verifica como se comportam diante de estímulos externos como sons, odores e objetos estranhos. Afinal terão que trabalhar em ambiente de estresse, procurar partículas microscópicas de odor humano, voar em helicópteros e aviões, navegar em embarcações e passar por diversas situações até a chegada do local da ocorrência", esclarece.

Acácio Pinheiro/Agência Brasília

Com relação à escolha dos cães, o Sargento Leonardo Dias Soares explica que os animais podem ser de raças diversas, desde que atendam às necessidades do serviço Bombeiro Militar. "O animal precisa ter porte médio ou grande, ser de raça pura e ser muito ágil, flexível, dócil e brincalhão e, acima de tudo, apresentar resistência física para suportar as dificuldades do trabalho realizado", conta o Sargento Soares.

Relação de confiança

Como em qualquer trabalho que une um cão e um ser humano, é preciso haver muita cumplicidade entre o bombeiro militar e o cão. Conforme o Sargento Amarildo Pereira Rodrigues, membro da equipe BRESC do 1º Batalhão Bombeiro Militar, em Goiânia, o bombeiro militar que conduz o animal deve conhecê-lo perfeitamente, ser capaz de interpretá-lo, ou seja, estar atento a todas as suas reações. Quanto ao cão, ele explica que deve confiar plenamente em seu treinador, a fim de segui-lo em qualquer lugar, independente das dificuldades com que se deparar no local da ocorrência.

Dedicados à profissão

Os cães vivem nos canis da Corporação, construídos conforme a Norma Operacional nº 6 do CBMGO, e estão sempre prontos a atender uma ocorrência. Treinam todos os dias para fixar o aprendizado e se manterem saudáveis. E, como recompensa, adoram receber um pouco de ração, brinquedo e muito afago. A rotina de treinamento e serviços termina quando o cachorro atinge a idade de 8 anos. O cão, então, é doado ao bombeiro que o adestrou ou continua no próprio quartel recebendo cuidado dos bombeiros.

O papel dos cães

O serviço de Busca, Resgate e Salvamento com cães (BRESC) é utilizado no CBMGO desde o ano de 2004 e tem a finalidade de agilizar e potencializar o atendimento do serviço prestado à sociedade. Entre as diversas atividades, os binômios, nome dado à dupla cão e condutor, são empregados nas ocorrências de deslizamento com vítimas soterradas, na busca subaquática com corpos submersos, em incidentes de desabamento de casas, prédios e escombros, em buscas de pessoas perdidas em matas, entre outras ocorrências.

O trabalho realizado por um único cão equivale ao de 30 bombeiros militares, o que diminui a logística da ocorrência e também o tempo de exposição a situações de risco a que os profissionais estão sujeitos no ambiente dos incidentes.

Uma das vantagens está na anatomia canina, pois possuem o olfato como o sentido mais importante e aguçado, com cerca de 200 milhões de receptores para odores, enquanto os humanos possuem somente cerca de 5 milhões, ou seja, 40 vezes menos do que os cães. A audição dos cães também é extremamente desenvolvida. Eles são capazes de localizar com precisão a direção da origem do som em apenas 6 centésimos de segundo, e conseguem ouvir o mesmo som a uma distância quatro vezes maior do que um ser humano é capaz.

(Disponível em: https://www.bombeiros.go.gov.br/noticias/conheca-o-trabalho-de-busca-resgate-e-salvamento-com-caes-realizado-pelo-cbmgo.html. Acesso em: 9/7/2020.)

1 O texto foi publicado no *site* do Corpo de Bombeiros Militar do Estado de Goiás (CBMGO). A respeito do texto, responda:

a) Qual é o tema abordado?

b) Qual é a finalidade do texto?

2 Observe que o texto é organizado em quatro partes.

a) O que justifica essa divisão do texto?

b) Qual é o papel dos subtítulos do texto?

3 Para trabalhar com os bombeiros, os cães passam por um teste de seleção rigoroso e têm de atender a alguns critérios.

a) Como os bombeiros fazem o teste?

b) Como deve ser o cão quanto a tamanho, raça, resistência e sociabilidade?

4 Quanto ao trabalho dos cães, responda:

a) Que tipo de tarefa desempenham?

b) O trabalho dos cães traz que tipo de benefício para o grupo de bombeiros? Justifique sua resposta.

c) Por quantos anos o cão trabalha com os bombeiros?

5 A respeito da relação entre o treinador e o cão, responda:

a) Como é essa relação?

_____
_____
_____

b) A relação entre o animal e o treinador termina com a aposentadoria do cão? Explique.

_____
_____
_____

6 O texto inicia-se com a frase "Para eles, tudo é uma grande aventura". Volte ao texto e descubra, no contexto, a que(m) se refere a palavra **eles**.

_____
_____
_____

7 Os bombeiros geralmente são considerados heróis pela população, em virtude dos riscos que correm em sua profissão. E os cães-bombeiros? Eles também podem ser considerados heróis? Troque ideias com os colegas.

8 Compare o texto "Empresa americana lança o cão robótico mais avançado do mundo", que você leu no início deste capítulo, com o texto sobre o trabalho dos cães no Corpo de Bombeiros.

a) O que há em comum entre o trabalho que o cão-robô pode realizar e o do cão-bombeiro?

_____
_____
_____
_____

b) Que diferença há entre a relação que o cão-robô tem com os seres humanos e a relação que o cão-bombeiro tem com seu treinador?

_____
_____
_____
_____

Exercícios

Leia o texto a seguir.

Tetraplégico recupera movimentos com exoesqueleto movido pela mente

Sensores coletam informações cerebrais para dizer ao esqueleto robótico como ele deve se mexer. Equipamento está em fase de testes.

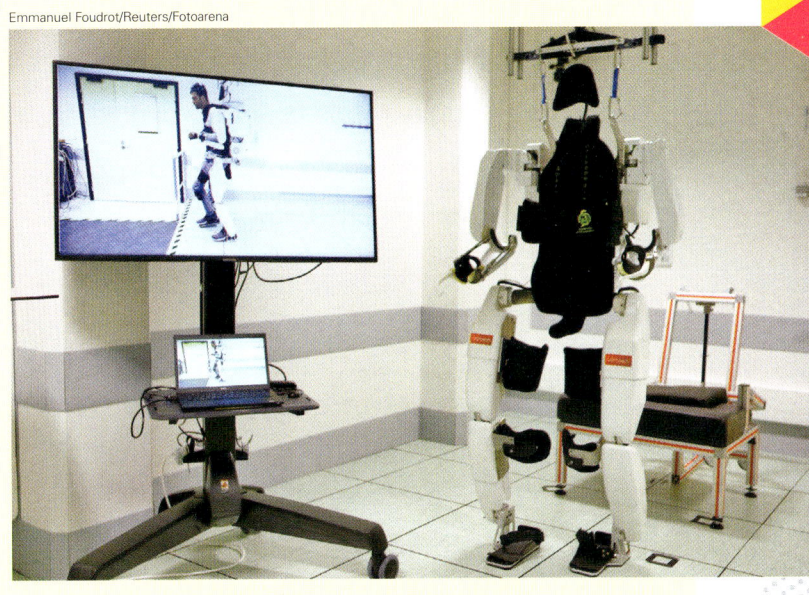

Um homem francês de 30 anos identificado apenas como Thibault recuperou os movimentos dos braços e das pernas graças a um exoesqueletro controlado por sensores em seu cérebro. O paciente ficou tetraplégico em 2015, quando caiu de uma altura de 15 metros. A tecnologia, ainda experimental, foi publicada no *The Lancet Neurology*.

Os cientistas filmaram os primeiros passos de Thibault, que descreveu a sensação de andar novamente como se ele fosse o "primeiro homem na Lua". Por enquanto, a tecnologia ainda está sendo aprimorada e seu uso ocorre apenas em laboratório.

Para fazer o paciente andar novamente, os cientistas colocaram implantes na superfície do cérebro de Thibault. Ao todo, foram instalados 64 eletrodos em cada um dos implantes. Os eletrodos têm a função de ler a atividade cerebral e direcionar as instruções de movimentos para um computador. A máquina, por sua vez, utilizando um sofisticado programa, lê as informações das ondas cerebrais do paciente, transformando-as em comandos que controlam o exoesqueleto.

O experimento, feito pela Clinatec e a Universidade de Grenoble, começou em 2017. Antes de dar os primeiros passos, Thibault aprendeu a controlar um personagem em um programa de computador.

O exoesqueleto pesa 65 kg e, com ele, o paciente é capaz de mover braços e pernas. Nem todas as funções do corpo estão completamente restauradas, contudo.

Por enquanto, o exoesqueleto não pode ir para as ruas porque precisa ser conectado a um cabo no teto, isso minimiza o risco de queda do paciente. Ainda assim, de acordo com os cientistas, o dispositivo é um avanço inestimável para o desenvolvimento <u>de alternativas para pacientes que tenham perdido os movimentos</u>.

Os próximos passos, de acordo com os pesquisadores, são refinar a tecnologia e melhorar a conexão cerebral com o exoesqueleto. Atualmente, os cientistas têm usado apenas 32 dos 64 eletrodos presentes nos implantes. Thibault ainda não tem o controle total dos dedos, o que torna difícil para ele segurar objetos.

(Disponível em: https://www.metropoles.com/saude/tetraplegico-recupera-movimentos-com-exoesqueleto-movido-pela-mente. Acesso em: 10/7/2020.)

1. A função do exoesqueleto é:

a) direcionar o movimento do corpo.

b) alinhar braços e pernas.

c) capacitar o paciente a mover braços e pernas.

d) ensinar o homem a andar como se estivesse na Lua.

2. Para o exoesqueleto saber como se movimentar, é necessário que:

a) sensores, implantados no cérebro, coletem informações, por meio de eletrodos.

b) a pessoa caminhe conectada ao teto, captando as informações dos eletrodos.

c) haja controle de um programa de computador, que comanda os eletrodos.

d) o treino seja feito fora dos laboratórios, em situações reais de locomoção urbana.

3. Para o futuro, o equipamento, ainda em teste:

a) usará apenas 32 eletrodos, permitindo uma movimentação mais livre e natural do exoesqueleto.

b) irá controlar personagens de computador.

c) será conectado a um cabo no teto.

d) deverá ser aprimorado tecnologicamente, melhorando a conexão entre o cérebro e o exoesqueleto.

4. O tema central da notícia é:

a) a reflexão sobre as funções e as limitações do corpo humano.

b) o modo como é feita a leitura das funções cerebrais.

c) o avanço da tecnologia na área médica.

d) o aumento de casos de deficiência física no mundo.

5. No penúltimo parágrafo do texto, há uma parte de uma frase destacada em vermelho. Veja:

> "Ainda assim, de acordo com os cientistas, o dispositivo é um avanço inestimável para o desenvolvimento <u>de alternativas para pacientes que tenham perdido os movimentos</u>."

À parte em vermelho, chamamos **hiperlink**, cuja função é:

a) destacar a ideia principal do texto.

b) destacar a ideia principal da frase.

c) informar ao leitor quais são os textos existentes na *web* que abordam o mesmo assunto.

d) remeter o leitor a outro texto da *web* que desenvolve o tema das alternativas de tratamento para pessoas que perderam os movimentos.

Leia o texto:

O que é a vacina?

[...]

A vacina é uma importante forma de imunização ativa (quando o próprio corpo produz os anticorpos) e baseia-se na **introdução do agente causador da doença (atenuado ou inativado) ou substâncias que esses agentes produzem** no corpo de uma pessoa de modo a estimular a produção de anticorpos e células de memória pelo sistema imunológico. Por causa da produção de anticorpos e células de memória, a vacina garante que, quando o agente causador da doença infecte o corpo dessa pessoa, ela já esteja preparada para responder de maneira rápida, antes mesmo do surgimento dos sintomas da doença. **A vacina é, portanto, uma importante forma de prevenção contra doenças**.

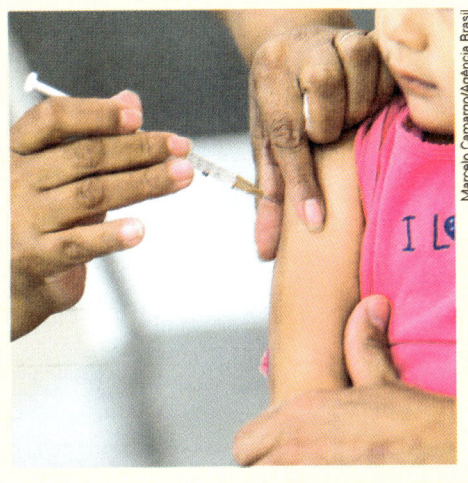

Poliomielite, tétano, coqueluche, sarampo, rubéola, gripe, febre amarela, difteria e **hepatite B** são exemplos de doenças que podem ser prevenidas atualmente pela vacinação.

[...]

(Disponível em: https://brasilescola.uol.com.br/biologia/a-historia-vacina.htm. Acesso em: 10/7/2020.)

6. Pelas características do texto, trata-se de:

   a) um verbete de natureza científica.
   b) um texto de curiosidade.
   c) um folheto explicativo.
   d) um texto de opinião.

7. A vacina estimula a produção de anticorpos e células de memória pelo sistema imunológico. Com base nessa informação, identifique a afirmação correta.

   a) No entanto, ela não garante o combate à febre amarela, à poliomielite e à rubéola.
   b) Portanto, ela previne doenças como poliomielite, tétano, sarampo.
   c) Apesar disso, não chega a ser um importante meio de prevenção de doenças.
   d) Porém, por passar a ter o agente causador da doença em seu corpo, a pessoa geralmente apresenta a doença que se pretende combater.

8. Caso uma pessoa vacinada seja infectada, seu corpo:

   a) não estará preparado para criar anticorpos.
   b) não terá o sistema imunológico totalmente protegido.
   c) reagirá de forma rápida, antes do surgimento de sintomas.
   d) reagirá de forma mais lenta, com leves sintomas da doença.

9. A finalidade principal do texto é:

a) alertar sobre o contágio de algumas doenças.

b) descrever como se adquirem algumas doenças contagiosas.

c) combater o uso das vacinas na prevenção de doenças contagiosas.

d) explicar o que é vacina, como ela age e qual sua importância para o combate às doenças.

Você já ouviu falar das incríveis invenções que Leonardo da Vinci fez no final do século XV? Leia este texto:

Ornitóptero de Leonardo da Vinci

Esta imagem é uma interpretação em 3D da máquina voadora de Leonardo da Vinci, o Ornitóptero. Da Vinci concebeu o engenho em 1488, após estudar a mecânica do voo das aves. Na verdade, em vários aspectos o aparelho possui muitas de suas características, incluindo asas leves, seu movimento e o seu dimensionamento.

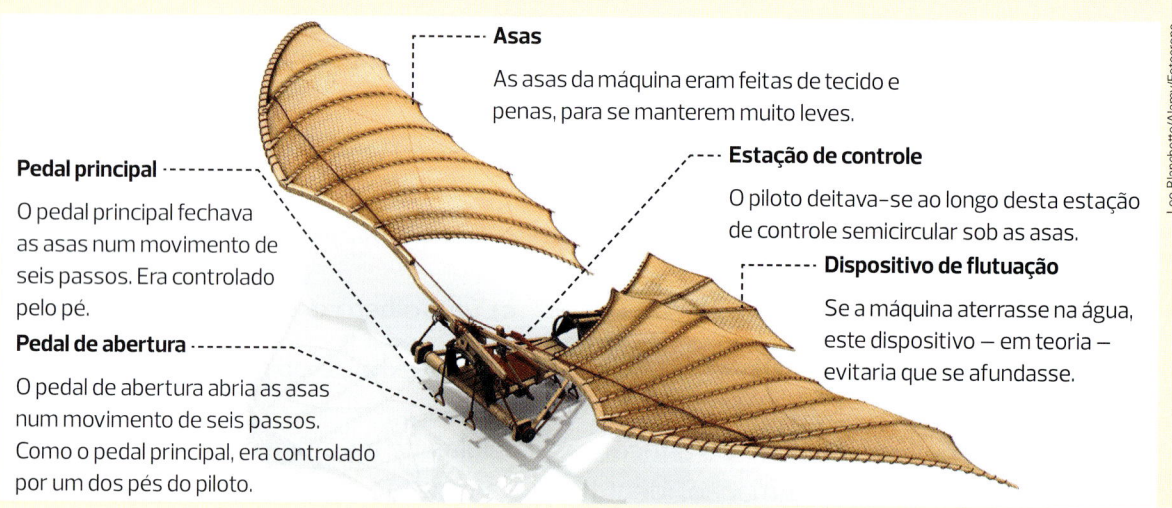

Asas
As asas da máquina eram feitas de tecido e penas, para se manterem muito leves.

Pedal principal
O pedal principal fechava as asas num movimento de seis passos. Era controlado pelo pé.

Pedal de abertura
O pedal de abertura abria as asas num movimento de seis passos. Como o pedal principal, era controlado por um dos pés do piloto.

Estação de controle
O piloto deitava-se ao longo desta estação de controle semicircular sob as asas.

Dispositivo de flutuação
Se a máquina aterrasse na água, este dispositivo – em teoria – evitaria que se afundasse.

A máquina voadora deveria funcionar da seguinte forma: o piloto ficaria alojado sobre a prancha de madeira central, passando o pescoço e a cabeça pelo aro semicircular e as pernas pela faixa traseira. Uma vez em posição, o piloto poderia controlar todas as partes da máquina com as mãos e os pés. O controle com os pés implica empurrar os dois pedais situados na parte traseira da máquina, um para abrir as asas e outro para fechar. As mãos do piloto, por outro lado, poderiam agarrar a estrutura e garantir o suave manuseio das cordas, responsáveis por controlar as múltiplas escoras de madeira das asas.

[...]

Surpreendentemente, Da Vinci nunca construiu a máquina, nem a testou, talvez devido ao custo financeiro do projeto ou ao grande potencial de perigo envolvido na aventura. Embora muitos entusiastas tenham criado réplicas do Ornitóptero a partir do esquema original, ninguém tentou pilotá-las, mesmo tendo sido confirmado que os mecanismos são totalmente funcionais.

(Disponível em: http://aerosngcanela.blogspot.com/2015/06/ornitoptero-de-leonardo-da-vinci.html?spref=pi. Acesso em: 10/7/2020.)

10. O aparelho inventado pelo artista italiano se chama **ornitóptero**. Veja como essa palavra foi formada: *ornit(o)* = ave + *-ptero* (que possui asas). Conclua: literalmente, qual é o sentido da palavra **ornitóptero**?

   a) avião que imita os insetos.
   b) ave com asas.
   c) avião voador.
   d) ave que imita os aviões.

11. Para criar o ornitóptero Leonardo da Vinci:

   a) se baseou em conhecimentos de mecânica e aeronáutica que existiam na época.
   b) utilizou os conhecimentos da Matemática, em especial da Geometria, disponíveis na época.
   c) observou o funcionamento do voo das aves para criar uma espécie de ave mecânica.
   d) utilizou aves para extrair delas a leveza das asas, o movimento e o tamanho.

12. Observe a imagem a seguir.

DÉDALO E ÍCARO

Na mitologia grega, Dédalo e seu filho estavam presos numa ilha por determinação do rei Minos.

Criativo, Dédalo desejava criar asas para que ele e seu filho conseguissem fugir da ilha. Juntando cera e penas de pássaros, o pai fez as asas que os transportaram a outra ilha. Porém Ícaro, entusiasmado, começou a voar cada vez mais alto. Aproximando-se mais do Sol, suas asas derreteram e ele caiu no mar Egeu, onde morreu afogado.

Agora, leia o boxe "Dédalo e Ícaro" e compare-o ao texto "Ornitóptero de Leonardo da Vinci". Responda: Que semelhanças existem entre o mito de Ícaro e a história real da invenção de Da Vinci?

_____
_____

13. A função da imagem que acompanha o texto "Ornitóptero de Leonardo da Vinci" é:

   a) comparar os antigos aviões com os de hoje.
   b) ilustrar como funcionavam as partes da invenção.
   c) comentar os tipos de asa usados antigamente.
   d) comparar as asas artificiais com as asas dos pássaros.

Leia os textos a seguir.

Texto 1

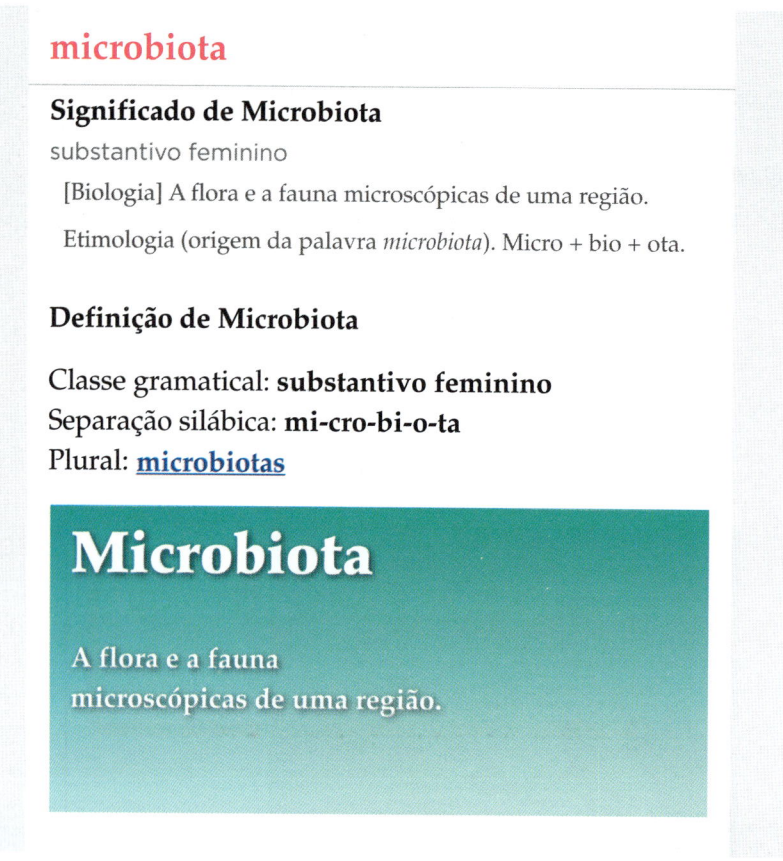

(Disponível em: https://www.dicio.com.br/microbiota/. Acesso em:10/7/2020.)

Texto 2

(Disponível em: https://rodolfoscatolon.com.br/o-seu-padrao-alimentar-x-microbiota-intestin. Acesso em: 10/7/2020.)

14. Por suas características, o texto 1 pode ser considerado:

a) um artigo científico.
b) um verbete de dicionário digital.
c) um comentário jornalístico.
d) uma anotação pessoal.

15. O texto 1 tem a finalidade de:

a) descrever o funcionamento dos micro-organismos.
b) classificar gramaticalmente a palavra **microbiota**.
c) alertar sobre a existência de micro-organismos na flora.
d) explicar o significado do vocábulo **microbiota**.

16. O texto 2 é um mapa conceitual. De acordo com ele, os fatores que alteram a microbiota humana são provenientes:

a) da idade, da alimentação e do estilo de vida.
b) do estilo de vida.
c) do álcool e do fumo.
d) do sedentarismo.

17. Para haver uma microbiota saudável é aconselhável:

a) viver no campo.
b) não ingerir bebidas alcoólicas nem fumar.
c) alimentar-se de forma equilibrada, praticar exercícios e buscar um estilo de vida menos estressante e tóxico.
d) evitar medicamentos, viver no campo, exercer uma atividade profissional pouco estressante.

Leia o texto a seguir.

Adivinhação surpreendente

Com este truque facílimo de executar, você apresenta seus poderes mágicos a qualquer pessoa, em qualquer situação. A partir daí, só Deus sabe onde suas mágicas vão parar. Mas atenção: esta adivinhação deve ser feita, de preferência, com uma pessoa de cada vez.

1. Peça a um amigo que pense em um número qualquer de 2 a 9.
2. Feito isso, diga que multiplique esse número pensado por 9.
3. O resultado deve dar um número com 2 algarismos (por exemplo, 27). Peça, então que some esses 2 algarismos (por exemplo, 2 + 7 = 9).
4. Que diminua 5 do resultado dessa soma.
5. Que ele procure, no alfabeto, a letra correspondente ao número que resultar dessa subtração (por exemplo, 1 = A, 2 = B etc.).
6. Agora, que pense num país que tenha como inicial a letra encontrada.
7. Peça que encontre a quinta letra do nome desse país.
8. Que pense, agora, num animal que tenha como inicial a letra encontrada.
9. Que pense, também, numa cor que comece com essa mesma letra.
10. Para terminar, que pense numa fruta de que esse animal gosta, com qualquer letra.
11. Nesse momento, você pergunta: "Por que esse macaco marrom estava comendo banana na Dinamarca"?

Seu amigo ficará espantadíssimo com tal poder de adivinhação. Você só poderá fazer essa brincadeira com alguém que não saiba o resultado, senão, perde a graça.

Esse truque dá certo porque a grande maioria das pessoas vai pensar sempre nas mesmas respostas. Por quê? Porque o resultado da operação inicial dará sempre 4. Veja o exemplo:

1. Um número de 2 a 9
Exemplo: 6
6 × 9 = 54
5 + 4 = 9 (a soma dos algarismos, na tabuada do 9, dá sempre 9)
9 − 5 = 4
2. A quarta letra do alfabeto é D.
3. Pensando num país com a letra D, quase sempre se pensa em Dinamarca. A não ser que você encontre um sabichão que pense em Djibuti ou Dominica.
4. A quinta letra de Dinamarca é M.
5. Bicho com a letra M: geralmente se pensa em MACACO. Ainda mais quando se está pressionado a pensar rápido.
6. Cor com a letra M: rapidamente a pessoa vai pensar em MARROM.
7. Fruta de que macaco gosta... banana!
Esse é o resultado com quase 100% das pessoas.

(Ziraldo. *O livro das mágicas*. São Paulo: Melhoramentos, 2000. p. 14.)

18. Por suas características, pode-se afirmar que texto é um(a):

a) relato pessoal, que conta um episódio da vida de um mágico.

b) texto instrucional, pois ensina um truque de mágica.

c) conto de mágica.

d) aula de mágica.

19. O texto tem como público-alvo:

a) crianças curiosas e adultos que gostam de truques de mágica.

b) adultos que queiram trabalhar como mágicos.

c) adolescentes que queiram surpreender os amigos.

d) qualquer pessoa, mas, considerando a ilustração, preferencialmente crianças e pré-adolescentes.

20. Essa brincadeira requer que a pessoa domine ao menos:

a) uma operação da Matemática.
b) duas operações da Matemática.
c) três operações da Matemática.
d) quatro operações da Matemática.

21. O êxito do truque está no fato de as pessoas:

a) pensarem, geralmente, nas mesmas respostas.
b) serem muito boas em Matemática.
c) já conhecerem a brincadeira.
d) pensarem que quem o aplica tem poderes mágicos.

22. Como é comum a esse gênero textual, o texto faz uso de várias formas verbais no imperativo, como **peça** e **diga**, porque a finalidade do texto é:

a) sugerir ao leitor algumas possibilidades para executar o truque com sucesso.
b) recomendar ao leitor a forma exata de executar o truque para que obtenha sucesso.
c) deixar o leitor livre para escolher as ações mais adequadas para realizar o truque com sucesso.
d) estabelecer uma comunicação viva com os leitores, a fim de que o truque seja realizado com sucesso.

Leia a tira:

(Disponível em: https://tirasarmandinho.tumblr.com/. Acesso em: 10/7/2020.)

23. Segundo Armandinho, sua vida é:

a) pacata; por isso precisa de aventuras.
b) triste, porém cheia de obstáculos.
c) estressante, porque é cheia de desafios.
d) dinâmica e intensa, cheia de limites a superar.

24. O humor da tira se deve ao fato de:

a) haver um sapinho ao pé do menino.
b) Armandinho ter uma vida cheia de aventuras.
c) Armandinho atribuir sua coragem à mãe, que o deixou experienciar aventuras.
d) o menino ir buscar e oferecer uma flor para a mãe.

Capítulo 8

É normal ser diferente

Você já reparou como as pessoas são diferentes umas das outras? Umas são baixas, outras altas; umas são negras, outras loiras, outras orientais; umas são gordas, outras magras... Até que ponto se pode dizer que alguém é "normal" ou "anormal"?

Leia o conto a seguir, do escritor moçambicano Luís Bernardo Honwana.

As mãos dos pretos

Já não sei a que propósito é que isso vinha, mas o Senhor Professor disse um dia que as palmas das mãos dos pretos são mais claras do que o resto do corpo porque ainda há poucos séculos os avós deles andavam com elas apoiadas ao chão, como os bichos do mato, sem as exporem ao sol, que lhes ia escurecendo o resto do corpo.

Lembrei-me disso quando o Senhor Padre, depois de dizer na catequese que nós não prestávamos mesmo para nada e que até os pretos eram melhores do que nós, voltou a falar nisso de as mãos deles serem mais claras, dizendo que isso era assim porque eles, às escondidas, andavam sempre de mãos postas, a rezar.

Eu achei um piadão tal a essa coisa de as mãos dos pretos serem mais claras que agora é ver-me a não largar seja quem for enquanto não me disser por que é que os pretos têm as palmas das mãos assim claras. A Dona Dores, por exemplo, disse-me que Deus fez-lhes as mãos assim mais claras para não sujarem a comida que fazem para os seus patrões ou qualquer outra coisa que lhes mandem fazer e que não deva ficar senão limpa.

O senhor Antunes da Coca-Cola, que só aparece na vila de vez em quando, quando as coca-colas das cantinas já tenham sido todas vendidas, disse que tudo o que me tinham contado era **aldrabice**. Claro que não sei se realmente era, mas ele garantiu-me que era. Depois de eu lhe dizer que sim, que era aldrabice, ele contou então o que sabia desta coisa das mãos dos pretos. Assim:

"Antigamente, há muitos anos, Deus Nosso Senhor, Jesus Cristo, Virgem Maria, São Pedro, muitos outros Santos, todos os anjos que nessa altura estavam no céu e algumas pessoas que tinham morrido e ido para o céu, fizeram uma reunião e resolveram fazer pretos. Sabes como? Pegaram em barro, enfiaram-no em moldes usados e para cozer o barro das criaturas levaram-nas para os fornos celestes; como tinham pressa e não houvesse lugar nenhum, ao pé do brasido, penduraram-nas nas chaminés. Fumo, fumo, fumo e aí os tens escurinhos como carvões. E tu agora queres saber por que é que as mãos deles ficaram brancas?

Pois então se eles tiveram de se agarrar enquanto o barro deles cozia?!..."

Depois de contar isto, o Senhor Antunes e os outros Senhores que estavam à minha volta desataram a rir, todos satisfeitos.

Nesse mesmo dia, o Senhor Frias chamou-me, depois de o Senhor Antunes ter ido embora, e disse-me que tudo o que eu tinha estado para ali a ouvir de boca aberta era uma grandessíssima **peta**. Coisa certa e certinha sobre isso das mãos dos pretos era o que ele sabia: que Deus acabava de fazer os homens e mandava-os logo tomar banho num lago lá do céu. Depois do banho as pessoas estavam branquinhas. Os pretos, como foram feitos de madrugada e a essa hora a água do lago estivesse muito fria, só tinham molhado as palmas das mãos e as plantas dos pés, antes de se vestirem e virem para o mundo.

Mas eu li num livro que por acaso falava nisso que os pretos têm as mãos assim mais claras por viverem encurvados, sempre a apanhar o algodão branco de **Virgínia** e de mais não sei onde. Já se vê que a Dona Estefânia não concordou quando eu lhe disse isso. Para ela é só por as mãos deles desbotarem à força de tão lavadas.

Bem, eu não sei o que vá pensar disso tudo, mas a verdade é que, ainda que calosas e **gretadas**, as mãos dum preto são sempre mais claras que todo o resto dele. Essa é que é essa!

A minha mãe é a única que deve ter razão sobre essa questão de as mãos de um preto serem mais claras do que o resto do corpo. No dia em que falámos nisso, eu e ela, estava-lhe eu ainda a contar o que já sabia dessa questão e ela já estava farta de se rir. O que achei esquisito foi que ela me dissesse logo o que pensava disso tudo, quando eu quis saber, e só tivesse respondido depois de se fartar de ver que eu não me cansava de insistir sobre a coisa, e mesmo assim a chorar, agarrada à barriga como quem não pode mais de tanto rir.

O que ela disse foi mais ou menos isto:

"Deus fez os pretos porque tinha de os haver. Tinha de os haver, meu filho. Ele pensou que realmente tinha de os haver... Depois arrependeu-se de os ter feito porque os outros homens

aldrabice: trapaça.
gretado: com rachaduras.
peta: mentira.
Virgínia: um dos cinquenta Estados dos Estados Unidos, situado na região sudeste do país, rica em algodão.

123

seriam deles e levavam-nos para as casas deles para os pôr a servir como escravos ou pouco mais.

Mas como Ele já os não pudesse fazer ficar todos brancos porque os que já se tinham habituado a vê-los pretos reclamariam, fez com que as palmas das mãos deles ficassem exatamente como as palmas das mãos dos outros homens. E sabes por que é que foi? Claro que não sabes e não admira porque muitos e muitos não sabem. Pois olha: foi para mostrar que o que os homens fazem, é apenas obra de homens... Que o que os homens fazem, é feito por mãos iguais, mãos de pessoas que, se tiverem juízo, sabem que antes de serem qualquer outra coisa são homens. Deve ter sido a pensar assim que Ele fez com que as mãos dos pretos fossem iguais às mãos dos homens que dão graças a Deus por não serem pretos."

Depois de dizer isso tudo, a minha mãe beijou-me as mãos.

Quando fugi para o quintal, para jogar à bola, ia a pensar que nunca tinha visto uma pessoa a chorar tanto sem que ninguém lhe tivesse batido.

(*In*: Rita Chaves (org.). *Contos africanos*. São Paulo: Ática, 2009. p. 24-28. Coleção Para gostar de ler, v. 44.)

1 ▪ Todo o conto gira em torno de uma dúvida do narrador.

a) Quem é o narrador? Que idade ele provavelmente tem na história? Justifique sua resposta.

b) Qual é a dúvida do narrador?

c) A insistência do narrador em relação a essa dúvida é comum nessa idade?

2 ▪ A dúvida do narrador começa quando ele ouve a versão do padre, que era diferente da que ele tinha ouvido antes, dada pelo professor.

a) Qual era a versão do professor?

QUEM É LUÍS BERNARDO HONWANA?

Luís Bernardo Honwana nasceu em 1942, em Lourenço Marques (hoje Maputo), Moçambique. Aos 22 anos, publicou *Nós matámos o Cão Tinhoso*, livro de contos que o consagrou como um dos mais importantes escritores de seu país. O engajamento na luta pela independência de Moçambique o levou à prisão nos anos 1960. Quase trinta anos depois, em 1990, então como ministro da Cultura, Honwana foi um dos signatários do Acordo Ortográfico da Língua Portuguesa.

(Rita Chaves (org.). *Contos africanos*, cit.)

b) Qual é a versão do padre?

c) Pela fala do professor e do padre, é possível inferir que eles são negros ou são brancos? Justifique sua resposta.

d) Você acha que o narrador é negro ou branco? Justifique sua resposta com elementos do texto.

3. O narrador, depois de ouvir as explicações do professor e do padre, ouve novas explicações.

   a) Qual é a explicação do Senhor Antunes?

   b) E a do Senhor Frias?

   c) E a do livro lido pelo narrador?

   d) E a de Dona Estefânia?

MOÇAMBIQUE: PAÍS IRMÃO

Moçambique é um país do sudeste africano que foi colonizado por Portugal, a partir do século XV, e, por isso, tem como língua oficial o português.

O povo moçambicano alcançou sua independência política em 1975, depois de um longo período de guerra contra o colonialismo português.

Cerca de 95% da população do país é constituída por negros, e o índice de analfabetismo chega a quase 50%.

4. Compare as explicações sobre a cor das palmas das mãos dos negros dadas pelo professor, pelo padre, pelo Senhor Antunes, pelo Senhor Frias, pelo livro que o narrador leu e por Dona Estefânia.

a) Qual ou quais delas são preconceituosas em relação aos negros?

_____
_____

b) Qual delas está relacionada a um aspecto positivo — a higiene — dos negros?

_____

c) Qual delas está relacionada ao trabalho feito pelos negros?

_____

d) Todas essas explicações têm base histórica ou científica convincente? Se não, de onde se originam?

_____
_____

5. O narrador, por fim, expressa sua dúvida à mãe, que dá uma explicação diferente das anteriores. De acordo com a mãe:

a) Por que existem os negros? A explicação dela é objetiva ou é religiosa? Justifique.

_____
_____
_____
_____

b) Por que as palmas das mãos dos negros são mais claras?

_____
_____
_____
_____

c) Que importância há no fato de todos os homens terem as palmas das mãos iguais?

_____
_____
_____
_____

BRANCOS, NEGROS, ÍNDIOS E AMARELOS: TODOS PARENTES

Apesar das diferenças de cor e de traços, cada dia mais cientistas apostam na tese de que somos descendentes de um único ancestral, que há 100.000 anos deixou a África para colonizar o mundo.

[...]

[O cientista norte-americano Cavalli-Sforza] também reforça a tese de que as diferenças aparentes são mais ligadas a fatores climáticos e ambientais do que a origens distintas.

Em sua árvore genealógica, a cor da pele não é um critério e nada impede que brancos e negros saiam da mesma família.

Os branquelos lapões do norte europeu vieram do mesmo grupo — caucasianos — que originou os escuros berberes da África. As diferenças, assim como a distância genética, portanto, foram adquiridas através do tempo. Quanto mais distantes geograficamente, menos as populações se parecem.

(*Superinteressante*, n. 66.)

6. Releia este trecho do texto:

> "Que o que os homens fazem, é feito por mãos iguais, mãos de pessoas que, se tiverem juízo, sabem que antes de serem qualquer outra coisa são homens. Deve ter sido a pensar assim que Ele fez com que as mãos dos pretos fossem iguais às mãos dos homens que dão graças a Deus por não serem pretos."

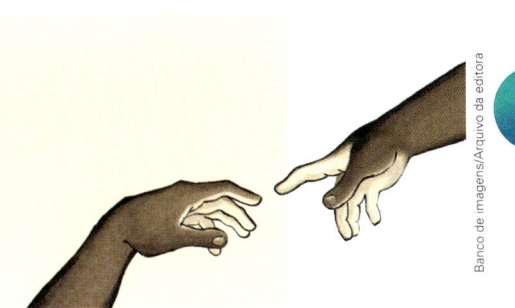

De acordo com o trecho:

a) A mãe expressa preconceito em relação às diferenças entre negros e brancos?

b) A mãe reconhece que os negros são discriminados socialmente? Justifique sua resposta com elementos do texto.

7. No último parágrafo, o narrador se impressiona com o choro da mãe e diz:

> "Quando fugi para o quintal, para jogar à bola, ia a pensar que nunca tinha visto uma pessoa a chorar tanto sem que ninguém lhe tivesse batido."

a) Por que a mãe chora inicialmente?

b) Levante hipóteses: O choro da mãe, após a explicação que ela dá ao filho, pode ter razões diferentes do choro inicial? Se sim, explique.

8. Às vezes, identificar o tema central de um texto pode apresentar dificuldades, principalmente quando se trata de um texto literário. Isso ocorre porque quase sempre os textos literários abordam mais de um tema e de diferentes enfoques. O tema central do conto "As mãos dos pretos" é:

a) a cor das mãos dos negros.

b) a discriminação que o negro sofre na sociedade.

c) a ingenuidade da criança.

d) a ineficiência da ciência para explicar certos mistérios.

Palavras em contexto

1 O conto foi escrito em português moçambicano. Logo, a linguagem apresenta diferenças em relação ao português brasileiro. Responda oralmente: Que outra redação um autor brasileiro poderia dar ao trecho do texto a seguir?

> "Eu achei um piadão tal a essa coisa de as mãos dos pretos serem mais claras que agora é ver-me a não largar seja quem for enquanto não me disser por que é que os pretos têm as palmas das mãos assim claras."

2 Leia os seguintes trechos do texto, observando as expressões e as construções destacadas, típicas do português moçambicano. Depois, oralmente, indique o sentido que elas têm.

a) "Fumo, fumo, fumo **e aí os tens escurinhos como carvões**."

b) "e disse-me que **tudo o que eu tinha estado para ali a ouvir de boca aberta era uma grandessíssima peta**"

c) "**Coisa certa e certinha** sobre isso das mãos dos pretos era o que ele sabia"

d) "as mãos dum preto são sempre mais claras que todo o resto dele. **Essa é que é essa!**"

Texto e intertexto

Leia o texto a seguir.

San Francisco, 8 de abril de 1885

À Secretaria da Educação

Prezado senhores:

Vejo que os senhores estão usando todo tipo de desculpa para deixar minha filha fora da escola pública. Prezados senhores, façam o favor de me dizer! É uma vergonha ser chinês? Deus não criou todo mundo igual??!! Que direito têm os senhores de barrar a entrada da minha filha na escola só porque ela é descendenta de chinês? Só pode ser esse o motivo, não existe outro. Imagino que todos os senhores vai na igreja no domingo! Acham que é Cristão obrigar minhas crianças a ir numa escola lá longe que foi feita só para elas. Meus filhos não se vestem como os outros chineses. Eles ficam tão esqisito no meio deles como um chinês com roupa de chinês no meio de vocês que são brancos. Além disso, se eu quisesse mandar eles para uma escola chinesa podia ter mandado dois anos atrás sem tanto problema. Os senhores gastaram uma montanha do dinheiro Público bobamente, tudo por causa de uma pobre Criança. Os amigo dela é tudo branco desde que ela quase nem sabia andar. Se ela serve para brincar com eles! Então não serve para ficar na mesma sala e estudar com eles? [...]

[...]
Os senhores viram meu marido e minha filha. Falaram para ele que não tinham nada contra Mamie Tape. Se não tinham nada contra Mamie Tape, por que não deixaram ela ir na escola que fica mais perto de casa? Em vez de ficar arrumando um pretexto atrás do outro para deixar ela fora? Eu acho que o sr. Moulder não gosta dessa Mamie Tape de Oito anos. [...] Mamie Tape nunca vai ir em nenhuma das escolas chinesas que o senhor inventou! Nunca!!! Vou mostrar para o mundo Que justiça existe Quando é governado por homens com preconceito de Raça! Só porque ela é descendenta de chinês, não porque ela não se veste como vocês porque ela se veste. Só porque ela descende de chinês acho que ela é mais americana que muitos dos senhores que está impedindo ela de receber Instrução.

Sra. M. Tape

(Shaun Usher (org.). *Cartas extraordinárias — A correspondênciu inesquecível de pessoas notáveis*. São Paulo: Companhia das Letras, 2014. p. 84.)

É UMA VERGONHA SER CHINÊS?

DE MARY TAPE PARA A SECRETARIA DA EDUCAÇÃO DE SAN FRANCISCO 8 ABR. 1885

Em setembro de 1884, o casal Joseph e Mary Tape, residente em San Francisco, fez uma coisa aparentemente corriqueira: tentou matricular a filha Mamie, de oito anos, na Spring Valley School, onde amigos da menina estudavam. No entanto, como Mamie, embora tivesse nascido nos Estados Unidos, era descendente de chineses e filha de imigrantes, a diretora da escola, Jennie Hurley, negou-lhe a matrícula. Furiosos, os Tape tomaram a inédita atitude de processar a escola e, contrariando todas as probabilidades, ganharam a causa. A resposta a essa decisão judicial pioneira foi a criação de uma escola para crianças chinesas. O progresso naquela época continuava sendo lento e penoso.

Em abril de 1885, como as autoridades locais continuavam se esquivando, a mãe de Mamie escreveu para a Secretaria da Educação.

(Shaun Usher (org.). *Cartas extraordinárias — A correspondência inesquecível de pessoas notáveis*. São Paulo: Companhia das Letras, 2014.)

1 Leia também o boxe "É uma vergonha ser chinês?", na página anterior. Considerando o contexto de produção da carta escrita pela imigrante chinesa, responda:

a) O que Mary e Joseph Tape queriam?

_____

b) Por que o casal teve seu pedido negado?

_____
_____

c) Qual foi a iniciativa, até então inédita nos Estados Unidos, tomada pelo casal? Qual foi o resultado dessa iniciativa?

_____
_____
_____

d) Por que Mary Tape resolveu escrever para a Secretaria da Educação, em 1885?

_____
_____
_____

2 Em relação à carta, responda:

a) As autoridades deixaram claro o motivo pelo qual não foi permitido que Mamie frequentasse a mesma escola que as outras crianças americanas?

_____
_____

Sra. Mary Tape, o marido e seus filhos.

b) Como a mãe de Mamie compreendeu a negativa ao pedido dela e do marido? Em que trecho da carta ela explicita o seu ponto de vista?

_____
_____

3 A mãe de Mamie utiliza vários argumentos para convencer as autoridades da Secretaria da Educação. O que ela argumenta sobre:

a) os hábitos e a adaptação de Mamie ao estilo de vida americano?

_____
_____

b) a construção de uma escola para chineses?

_____
_____

c) a coerência religiosa das autoridades?

4 Em sua carta, Mary Tape escreveu com letra inicial maiúscula algumas palavras que não exigem tal grafia.

   a) Identifique essas palavras.

   b) Levante hipóteses: Por que Mary Tape escreveu essas palavras dessa forma? Que efeito de sentido ela pretendia criar?

5 Mary Tape, a autora da carta, era chinesa e certamente não dominava perfeitamente a língua inglesa. Ao passar a carta do inglês para o português, o tradutor procurou preservar algumas características da linguagem de um imigrante; por isso, em algumas situações, a linguagem foge à norma-padrão, que seria a variedade linguística recomendada em uma correspondência desse tipo. Identifique, no texto, uma inadequação à norma-padrão quanto à:

   a) ortografia

   b) flexão de gênero

   c) concordância entre palavras

   d) colocação de pronomes oblíquos

6 Compare o conto "As mãos dos pretos", de Bernardo Honwana, com a carta de Mary Tape.

   a) O que eles têm em comum?

   b) Que diferenças há entre eles?

   c) Conclua: Apenas os negros são vítimas de preconceito racial?

7 Você já sofreu algum tipo de preconceito? Ou conhece algum amigo que já tenha sofrido? Se sim, conte para os colegas.

Exercícios

Leia os quadrinhos e responda às questões 1 a 5.

(Nik. *Gaturro*. Cotia-SP: Vergara & Riba, 2008. v. 1, p. 48.)

1. Gaturro acorda bem-disposto e diz querer ser "o melhor do mundo". O que confirma e reforça a fala do gato?

   a) o sorriso

   b) o peito inflado

   c) a fantasia de ser um supergato

   d) a prepotência

2. Ágata contraria Gaturro, dizendo a ele que aquela não era uma questão de **disposição**, mas de **aptidão**. Considerando o contexto, que diferença de sentido há entre essas duas palavras?

   a) Enquanto **disposição** significa estar em boa condição física, **aptidão** significa estar em boa condição psicológica.

   b) Enquanto **disposição** significa vontade de fazer alguma coisa, **aptidão** significa estar apto a não fazer nada.

   c) Enquanto **disposição** significa ânimo, **aptidão** significa ter as condições necessárias para fazer algo.

   d) Enquanto **disposição** significa qualidade inata, **aptidão** significa qualidade adquirida.

3. O humor da tira se concentra no último quadrinho. A rima a que Gaturro se refere se dá entre as palavras:

   a) **disposição** e **aptidão**, nessa ordem.
   b) **questão** e **disposição**, nessa ordem.
   c) **disposição** e **questão**, nessa ordem.
   d) **questão** e **aptidão**, nessa ordem.

4. No último quadrinho, em: "É incrível como uma mísera rima pode estragar o **seu dia**...", a expressão **seu dia** tem o sentido de:

   a) o dia de Ágata.
   b) o meu dia (do próprio Gaturro).
   c) o dia de todo o mundo.
   d) o dia dos leitores dos quadrinhos.

5. Observe que no 1º quadrinho, na frase "Hoje quero ser o melhor do mundo!!", foram empregados dois pontos de exclamação, enquanto no último quadrinho o pensamento de Gaturro é finalizado com reticências. Essa mudança na pontuação sugere:

   a) a insatisfação de Gaturro diante do pessimismo de Ágata.
   b) o caráter reflexivo de Gaturro quando está diante de Ágata.
   c) que Gaturro ainda não concluiu seu pensamento.
   d) a mudança de humor de Gaturro em razão do comentário de Ágata.

Leia o texto a seguir.

Pintura *Os retirantes*, de Candido Portinari.

6. A expressão facial e corporal das pessoas demonstra:

   a) saudosismo.
   b) indiferença.
   c) sofrimento.
   d) esperança.

7. A pintura retrata migrantes fugindo da seca do Nordeste brasileiro. O tema abordado na pintura pode ser considerado:

   a) amoroso.
   b) social.
   c) ecológico.
   d) cultural.

Leia o texto:

8. Considerando os interlocutores do texto, ou seja, quem é nele o locutor (aquele que produz) e quem é o locutário (destinatário), indique a alternativa correta.

   a) Locutor: portadores de necessidades especiais; locutário: público em geral.

   b) Locutor: público em geral; locutário: portadores de necessidades especiais.

   c) Locutor: Shopping Frei Caneca; locutário: público que frequenta o local.

   d) Locutor: Shopping Frei Caneca; locutário: portadores de necessidades especiais.

9. A que gênero do discurso pertence o texto?

   a) cartaz
   b) folheto
   c) bilhete
   d) anúncio publicitário

10. Qual é a finalidade do texto?

    a) Alertar e conscientizar o público sobre a importância de não utilizar as vagas reservadas a pessoas portadoras de necessidades especiais.

    b) Relatar que algumas pessoas utilizam as vagas reservadas a pessoas portadoras de necessidades especiais.

    c) Informar ao público o número de portadores de necessidades especiais existentes no Brasil.

    d) Advertir as pessoas que não utilizam as vagas reservadas para portadores de necessidades especiais.

11. A frase "Pressa e desatenção não são desculpas para o desrespeito!" possibilita deduzir que:

    a) as pessoas são desatentas e, por isso, ocupam vagas reservadas.

    b) há pessoas que dão as desculpas de desatenção e pressa para ocupar vagas reservadas.

    c) as pessoas com pressa ocupam vagas reservadas.

    d) algumas pessoas acham que pressa e desatenção são formas de desrespeito.

12. A função principal do texto é:

    a) reforçar a ideia de que os portadores de necessidades especiais (por exemplo, os usuários de cadeiras de rodas) precisam ter suas vagas reservadas.

    b) reforçar a ideia de que há muitos portadores de necessidades especiais em todo o mundo.

    c) reforçar a ideia de que apenas os usuários de cadeiras de rodas têm vagas reservadas para eles.

    d) reforçar a ideia de que somente os usuários de cadeiras de rodas têm dificuldade de locomoção.

Leia o texto a seguir.

RACISMO, PRECONCEITO, DISCRIMINAÇÃO

É TUDO A MESMA COISA?

Racismo, preconceito e discriminação são palavras que, embora tenham significados diferentes, na prática, fazem parte do mesmo problema.

RACISMO

É uma ideologia, uma forma de pensar, de ver e dar valor às coisas.

Uma pessoa racista acredita que os seres humanos não são iguais, que existem grupos humanos ("raças") inferiores a outros e, por isso mesmo, não precisam ser tratados com a mesma consideração e respeito.

PRECONCEITO

É um julgamento prévio negativo.

É julgar uma pessoa sem, ao menos, conhecê-la, baseando-se só na aparência, cor da pele, origem, classe social, orientação sexual etc.

Ocorre quando alguém acha que "todo pobre é vagabundo", "todo negro é ladrão", "todo homossexual é safado" e assim por diante.

DISCRIMINAÇÃO

É a conduta propriamente dita. **É o ato** que expõe o racismo ou preconceito e atinge outra pessoa.

Ocorre quando, por exemplo, a pessoa é revistada, ou quando lhe são dirigidas palavras ofensivas, ou quando é negado o direito de frequentar determinados ambientes **unicamente em razão da cor da pele, condição social ou religião.**

Ocorre também quando **o atendimento é negado em um estabelecimento comercial,** pelos mesmos motivos acima.

É a **desconfiança, o tratamento truculento, violento ou de indiferença,** movido unicamente por preconceito.

É FÁCIL IDENTIFICAR A DISCRIMINAÇÃO?

Nem sempre. A discriminação pode ser clara e explícita ou disfarçada, camuflada. Pior ainda, pode já ter sido assimilada de tal forma pelas pessoas que chega a passar despercebida, como se fosse "normal".

VOCÊ SABIA?

No Brasil, racismo é crime inafiançável e imprescritível. Isso quer dizer que é um crime grave e, por isso, quem comete racismo não tem direito a pagar fiança para responder em liberdade e nunca estará livre de ser punido (mesmo após muitos anos o Estado não perde o direito de aplicar a devida punição).

Às vítimas de discriminação étnica é assegurado o acesso aos órgãos de Ouvidoria Permanente, à Defensoria Pública, ao Ministério Público e ao Poder Judiciário, em todas as instâncias.

Em qualquer relação de consumo são direitos básicos do consumidor previstos no Código de Defesa do Consumidor (CDC), dentre outros:

- liberdade de escolha e igualdade nas contratações
- prevenção e reparação de danos patrimoniais e morais

O QUE DIZ A LEI ESTADUAL Nº 14.187 DE 19/07/2010?

Determina que seja punido todo o ato discriminatório por motivo de raça ou cor praticado no Estado de São Paulo por qualquer pessoa, jurídica ou física, inclusive a que exerça função pública.

(Disponível em: https://www.procon.sp.gov.br/wp-content/uploads/2020/02/Racismo.pdf. Acesso em: 20/6/2020.)

13. Considerando os interlocutores do texto, ou seja, quem é o locutor (aquele que produz) e quem é o locutário (destinatário), indique a alternativa correta.

a) Locutor: Procon do Estado de São Paulo; locutário: pessoas preconceituosas.

b) Locutor: Procon do Estado de São Paulo; locutário: pessoas que tenham sofrido preconceito racial.

c) Locutor: Procon do Estado de São Paulo; locutário: cidadãos em geral.

d) Locutor: cidadãos do Estado de São Paulo; locutário: cidadãos provenientes de outros Estados.

14. Pelas características do texto, pode-se concluir que se trata de um(a):

a) folheto.

b) reportagem.

c) aviso.

d) anúncio publicitário.

15. A finalidade central do texto é:

    a) informar ao público a diferença na lei entre discriminação, preconceito e racismo.

    b) alertar e conscientizar o público sobre as diferentes manifestações de um mesmo problema: preconceito, racismo e discriminação.

    c) relatar casos de pessoas que foram vítimas de preconceito racial.

    d) comentar as formas de discriminação existentes no Estado de São Paulo.

16. No texto, além da parte verbal, há também uma imagem. O papel da linguagem não verbal na construção do sentido do texto é:

    a) amenizar o conteúdo verbal.

    b) ilustrar o texto.

    c) reforçar a ideia de união entre as pessoas discriminadas.

    d) exemplificar com imagens de grupos sociais que podem ser discriminados.

17. Não faz parte dos grupos sociais sugeridos pela imagem do texto:

    a) o idoso.

    b) o negro.

    c) a criança.

    d) o obeso.

18. Na parte inferior do texto, é transcrita a lei estadual que trata do tema. De acordo com essa lei, é crime:

    a) todo tipo de preconceito de raça ou cor.

    b) toda forma de racismo.

    c) pensar que uma pessoa é inferior a outra por causa da cor da pele.

    d) todo ato discriminatório relacionado com raça ou cor.

Capítulo 9

Conectados

Hoje, em todo o mundo, mais de 4 bilhões de pessoas acessam a internet. No Brasil, são mais de 70% de pessoas conectadas pela web. Que benefícios a internet trouxe para as pessoas comuns? De que forma ela impacta o nosso modo de vida e nossos valores?

Leia o texto a seguir.

Mais de 60% dos jovens brasileiros acreditam que a internet contribui para o bullying, diz estudo

Para 66% dos jovens do Brasil, a internet contribui para o aumento da prática de *bullying*. É o que constatou a pesquisa Juventudes e Conexões, realizada pela Rede Conhecimento Social, em parceria com o Ibope Inteligência e a pedido da Fundação Telefônica Vivo. O estudo ouviu 1.440 pessoas, entre 15 e 29 anos, de todas as regiões do país e classes sociais, entre julho de 2018 e junho de 2019.

Os entrevistados tinham acessado a web semanalmente nos três meses anteriores à enquete.

De acordo com a pesquisa, lidar com o *bullying* e a agressividade que existem na internet pode aumentar o sofrimento dos jovens, especialmente daqueles que estão conectados o tempo todo. "A vítima pode ser perseguida por diversos motivos: aparência, timidez, dificuldade de fazer amigos, entre outros", explica a psicopedagoga Fernanda Siqueira. "As agressões que são vividas no dia a dia [fora da internet] são potencializadas na rede, pois é muito mais fácil agredir por um celular ou computador."

Diante desse cenário, Fernanda sugere que os jovens que sofrem *bullying* virtual procurem ajuda e não lidem com o sofrimento sozinhos. "Durante e depois de sofrer *bullying*, a pessoa precisa do apoio da família e dos amigos. Além disso, deve buscar um especialista que oriente e ajude a enfrentar as questões emocionais."

A influência da internet na vida dos jovens

Piora: 66%
Melhora: 20%
Não tem influência: 14%

Ocorrência de ansiedade
Piora: 57%
Melhora: 28%
Não tem influência: 15%

Isolamento
Piora: 60%
Melhora: 25%
Não tem influência: 15%

Exposição da intimidade
Piora: 65%
Melhora: 22%
Não tem influência: 13%

(Disponível em: https://www.jornaljoca.com.br/mais-de-60-dos-jovens-brasileiros-acreditam-que-a-internet-contribui-para-o-bullying-diz-estudo/. Acesso em: 8/7/2020.)

1. O texto menciona uma pesquisa da Rede Conhecimento Social, realizada em parceria com o Ibope Inteligência, a pedido da Telefônica Vivo.

   a) O que a pesquisa investigou?

   b) A que conclusão ela chegou?

   c) Por que isso ocorre no ambiente digital?

2. A pesquisa foi realizada com jovens de 15 a 29 anos de diferentes classes sociais, em diversos Estados brasileiros.

   a) Levante hipóteses: Por que a pesquisa definiu esses critérios para escolher os entrevistados?

   b) De acordo com a pesquisa, esses critérios interferem no resultado? Justifique sua resposta.

   c) Entre os jovens que sofrem *bullying*, quais são os que mais sofrem?

3. Segundo o texto, muitos motivos podem desencadear o *bullying*.

   a) Quais são eles?

CYBER**BULLYING**

b) A prática do *bullying* é exclusiva do ambiente digital? Explique.

4. A psicóloga Fernanda Siqueira aconselha o jovem que sofre *bullying* a pedir ajuda a outras pessoas.

   a) Segundo ela, quais são as pessoas que podem ajudar?

   b) Que consequências a vítima de *bullying* pode sofrer?

5. Leia os dados sob o título "A influência da internet na vida dos jovens". Segundo os dados, a influência da internet na vida das pessoas traz efeitos mais positivos ou negativos? Explique sua resposta.

6. A maior parte dos textos jornalísticos procura se mostrar imparcial, isto é, pretende informar os fatos sem que o jornalista expresse sua opinião sobre eles. Apesar disso, é possível encontrar, em alguns textos, avaliações ou julgamentos que expressam a opinião do jornalista. Dos trechos a seguir, indique aquele que expressa opinião.

   a) "O estudo ouviu 1440 pessoas, entre 15 e 29 anos, de todas as regiões do país e classes sociais, entre julho de 2018 e junho de 2019."

   b) "Para 66% dos jovens do Brasil, a internet contribui para o aumento da prática de bullying."

   c) "[...] é muito mais fácil agredir por um celular ou computador."

   d) "Os entrevistados tinham acessado a web semanalmente nos três meses anteriores à enquete."

7. Troque ideias com o professor e os colegas:
   - Aumentar o uso da internet pode ser uma fonte de ansiedade e de estresse para o jovem?
   - O que leva uma pessoa a praticar o *bullying*?
   - O que pode ser feito no ambiente escolar para inibir a prática do *bullying* presencial e do *cyberbullying*?

Palavras em contexto

1 Observe o trecho:

> "As agressões que são vividas no dia a dia [fora da internet] são potencializadas na rede, pois é muito mais fácil agredir por um celular ou computador."

a) Por que o trecho foi escrito entre aspas?

b) Por que a expressão **fora da internet** está entre colchetes?

2 Qual é a origem da palavra **bullying**? O que ela significa exatamente? Se necessário, consulte um dicionário.

3 O que significa **web**? Se necessário, consulte um dicionário.

4 Por que a palavra **bullying** é geralmente escrita em itálico?

5 Observe o excerto:

> "A vítima pode ser perseguida por diversos motivos: aparência, timidez, dificuldade de fazer amigos, entre outros"

A que se refere a expressão **entre outros**?

Texto e intertexto

Leia este infográfico, que apresenta dados de uma pesquisa feita pelo IBGE.

Utilização da Internet

64,7% das pessoas de 10 anos ou mais de idade utilizaram a internet.

 **63,8%**    **65,5%**

Cerca de **85%** dos jovens de 18 a 24 anos de idade e **25%** das pessoas de 60 anos ou mais de idade utilizaram a internet.

Finalidade do acesso à Internet (%)

 **94,2** Enviar ou receber mensagens de texto, voz ou imagens por aplicativos diferentes de *e-mail*

 76,4 Assistir a vídeos, inclusive programas, séries e filmes

 **73,3** Conversar por chamada de voz ou vídeo

 69,3 Enviar ou receber *e-mails* (correio eletrônico)

(Internet no Brasil em 2016. Disponível em: www.ibge.gov.br. Acesso em: 18 jun. 2018 (adaptado).)

1 Com base no infográfico, responda:

a) O que a pesquisa feita pelo IBGE pretendia investigar?

b) A quem pode interessar uma pesquisa como essa?

2 Segundo a pesquisa:

a) Quem utiliza mais a internet, os homens ou as mulheres?

_____

_____

b) Quem são os mais conectados? E os menos conectados?

_____

_____

_____

_____

3 As pessoas acessam a internet por diferentes razões.

a) Qual é a principal delas?

_____

_____

_____

b) De acordo com o infográfico, os aplicativos para enviar e receber mensagens substituíram o correio eletrônico (o *e-mail*)?

_____

_____

_____

_____

4 Compare o texto sobre o *cyberbullying* e o infográfico sobre o uso da internet. Levante hipóteses: Por que os dois textos focam jovens de faixa etária aproximada: entre 15 e 29 anos, no 1º texto, e 18 e 24 anos, no 2º texto?

_____

_____

_____

_____

5 E você, como utiliza a internet? Troque ideias com os colegas:

- Como e para que você utiliza a internet: para usar aplicativos, para assistir a filmes e *shows*, para fazer pesquisa e estudar?

- Você faz uso das redes sociais? Se sim, quais são os aspectos positivos e os negativos delas?

Exercícios

Leia o texto a seguir.

Presidência da República

Secretaria-Geral

Subchefia para Assuntos Jurídicos

LEI Nº 13.185, DE 6 DE NOVEMBRO DE 2015.

Institui o Programa de Combate à Intimidação Sistemática (**Bullying**).

A PRESIDENTA DA REPÚBLICA Faço saber que o Congresso Nacional decreta e eu sanciono a seguinte Lei:

Art. 1º Fica instituído o Programa de Combate à Intimidação Sistemática (**Bullying**) em todo o território nacional.

§ 1º No contexto e para os fins desta Lei, considera-se intimidação sistemática (**bullying**) todo ato de violência física ou psicológica, intencional e repetitivo que ocorre sem motivação evidente, praticado por indivíduo ou grupo, contra uma ou mais pessoas, com o objetivo de intimidá-la ou agredi-la, causando dor e angústia à vítima, em uma relação de desequilíbrio de poder entre as partes envolvidas.

§ 2º O Programa instituído no **caput** poderá fundamentar as ações do Ministério da Educação e das Secretarias Estaduais e Municipais de Educação, bem como de outros órgãos, aos quais a matéria diz respeito.

Art. 2º Caracteriza-se a intimidação sistemática (**bullying**) quando há violência física ou psicológica em atos de intimidação, humilhação ou discriminação e, ainda:

I – ataques físicos;
II – insultos pessoais;
III – comentários sistemáticos e apelidos pejorativos;
IV – ameaças por quaisquer meios;
V – grafites depreciativos;
VI – expressões preconceituosas;
VII – isolamento social consciente e premeditado;
VIII – pilhérias.

Parágrafo único. Há intimidação sistemática na rede mundial de computadores (**cyberbullying**), quando se usarem os instrumentos que lhe são próprios para depreciar, incitar a violência, adulterar fotos e dados pessoais com o intuito de criar meios de constrangimento psicossocial.

Art. 3º A intimidação sistemática (**bullying**) pode ser classificada, conforme as ações praticadas, como:

I – verbal: insultar, xingar e apelidar pejorativamente;
II – moral: difamar, caluniar, disseminar rumores;
III – sexual: assediar, induzir e/ou abusar;
IV – social: ignorar, isolar e excluir;
V – psicológica: perseguir, amedrontar, aterrorizar, intimidar, dominar, manipular, chantagear e infernizar;
VI – físico: socar, chutar, bater;
VII – material: furtar, roubar, destruir pertences de outrem;
VIII – virtual: depreciar, enviar mensagens intrusivas da intimidade, enviar ou adulterar fotos e dados pessoais que resultem em sofrimento ou com o intuito de criar meios de constrangimento psicológico e social.
[...]

(Disponível em: http://www.planalto.gov.br/ccivil_03/_ato2015-2018/2015/lei/l13185.htm. Acesso em: 8/7/2020.)

1. Pelo conteúdo e pelas características formais do texto, pode-se dizer que se trata de:

a) um artigo de opinião.

b) uma lei.

c) uma notícia.

d) uma reportagem.

2. O texto tem como tema central:

a) a ação das escolas no combate ao *bullying*.

b) a promoção da cidadania.

c) o combate ao *bullying*.

d) as leis e as regras da comunidade.

3. O texto tem como finalidade principal:

a) apresentar propostas de combate ao *bullying*.

b) listar deveres dos cidadãos para uma melhor convivência social.

c) apresentar regras de conduta social, mas sem torná-las obrigatórias.

d) legitimar uma regra e torná-la obrigatória, explicitando direitos e deveres de uma comunidade.

4. Uma lei pode apresentar mais de um artigo e ser complementada por parágrafos, incisos e itens. O parágrafo 2º faz referência ao *caput* da lei, termo latino que significa "cabeça" e é utilizado para se referir ao enunciado central de uma lei.

   a) Qual é o *caput* da Lei n. 13 185?

   _____
   _____

   b) Um artigo de lei pode ser subdividido em partes, os parágrafos (§), que tratam de aspectos específicos. Quantos parágrafos há no artigo 1º?

   _____

   c) Observe o artigo 2º. Que nome se dá ao parágrafo quando ele é o único parágrafo que detalha o artigo?

   _____

   d) Os incisos também contribuem para detalhar alguns aspectos da lei e são numerados com algarismos romanos. Observe o artigo 3º. Qual é o papel dos incisos nesse parágrafo?

   _____
   _____
   _____

5. A linguagem de uma lei caracteriza-se como:

   a) informal para que todos possam compreendê-la.

   b) jurídica, técnica e específica.

   c) comum e livre, podendo variar de acordo com o perfil do autor da lei.

   d) semelhante à linguagem da imprensa em geral.

6. Geralmente, o *bullying* é associado a gozações e brincadeiras ofensivas. No entanto, a lei amplia o conceito dessa prática. Marque a afirmação incorreta.

   a) Além de ocorrer de modo verbal, o *bullying* também pode ser de natureza moral, sexual, social, psicológica, física, material e virtual.

   b) O *bullying* virtual manifesta-se, por exemplo, no envio de mensagens invasivas, em adulteração de imagens e dados que causem sofrimento.

   c) *Bullying* moral consiste em assediar, induzir e/ou abusar de outra pessoa.

   d) O *bullying* físico pode ocorrer na forma de socos, chutes e outras agressões ao corpo da vítima.

Leia o texto a seguir e responda às questões 7 a 10.

(Disponível em: https://www.escrevendoofuturo.org.br/caderno_virtual/texto/charge-e-tirinha/index.html. Acesso em: 8/7/2020.)

7. Trata-se de:

a) uma tira.

b) uma história em quadrinhos.

c) uma piada.

d) um cartum.

8. O homem deitado está fazendo terapia com seu psicanalista. Suas perguntas são:

a) objetivas.

b) existenciais.

c) cotidianas.

d) incompreensíveis.

9. A resposta do psicanalista surpreende porque:

a) ele é o profissional que deveria dar respostas ao paciente, e não o Google.

b) o psicanalista é quem deveria ter feito as mesmas perguntas ao paciente.

c) ele deveria ser mais objetivo em sua resposta para satisfazer o paciente.

d) o Google não é especializado em psicanálise.

10. Além de divertir, o cartum:

   a) ironiza pessoas com problemas psicológicos.

   b) promove uma reflexão sobre o uso do computador nos dias de hoje.

   c) ironiza a dependência das pessoas em relação aos conhecimentos oferecidos pela internet.

   d) combate o domínio do Google como o principal *site* de busca da internet.

Leia o texto a seguir e responda às questões 11 a 13.

Dicas para fazer uma boa pesquisa

- Antes de mais nada, **saiba muito bem o que deseja buscar**. Quanto mais detalhes, mais fácil será encontrar bons conteúdos na internet.

- Experiências anteriores com a internet ajudam na hora de **selecionar a melhor informação**. Ao longo do tempo, fica mais fácil reconhecer os sites mais confiáveis e os caminhos mais seguros na internet. No site do Acessa São Paulo, você encontra informações sobre navegação segura.

- O **Google** não é o único caminho para encontrar boas informações na internet. Apesar de ser a principal ferramenta de busca (corresponde a cerca de 86% das pesquisas no mundo inteiro, segundo dados de junho de 2018 do Statista), há outros sites que você pode utilizar para iniciar a sua busca por conteúdos, tais como Bing, DuckDuckGo, Yahoo! Search e Qwant.

- **Evite ser muito genérico nas suas buscas**. Um exemplo básico: se procura por informações sobre "medicina legal", não coloque apenas o termo "medicina" (você terá milhares de resultados incluindo outros tipos de medicina, como medicina veterinária, medicina ortomolecular, etc.). Muito menos elabore a busca somente com o termo "legal". Sempre que possível, utilize o maior número de termos relevantes para uma maior eficiência na busca. Da mesma forma, evite usar termos desnecessários que não têm significado por si mesmos, pois eles aumentam a chance de resultados sem consistência.

- **Vá além da primeira página de resultados de uma busca**. Fique atento também para as primeiras palavras que acompanham cada resultado. Se as primeiras descrições lhe interessarem, vá direto a esses links. Preste atenção nos endereços do site e domínios (.com, .gov, .org,...). Eles podem dizer muito sobre o grau de credibilidade das fontes e as características das informações apresentadas.

- **Mantenha o foco**. Embora a internet permita o acesso a diversos conteúdos relevantes, é também um caminho fácil para a distração.

- A Wikipédia é um enciclopédia coletiva universal que oferece conteúdos livres e reutilizáveis. É uma boa ferramenta para consultar os mais diversos conteúdos e artigos de boa qualidade. Além disso, possui outros projetos como o Wikilivros (livros didáticos e manuais livres), Wikidata (bases de dados livres) e Wikivoyage (comunidade de guias de viagens livres).

- **Ligue o desconfiômetro**. Isso significa não acreditar piamente em tudo o que você vê na internet. Habitue-se a ser crítico. Não se trata apenas de e-mails alarmistas de correntes ou lendas propagadas pelas redes sociais. Muitas vezes, há muitas informações desencontradas que podem gerar confusão. Por isso, a comparação entre diferentes fontes e o exercício do poder de análise tornam-se essenciais. Sempre que possível, procure consultar conteúdos diferentes e tenha clara a ideia de que nada é totalmente imparcial neste mundo. Até mesmo livros, enciclopédias e sites de grandes instituições carregam certos pontos de vista dos seus responsáveis.

- Procure sempre conteúdos que apresentem diversas **referências**. Por exemplo, se você encontrar um artigo no Wikipédia, verifique as fontes indicadas e consulte os links para verificar outros conteúdos que possam enriquecer a sua pesquisa com novas informações.

- Ao buscar informações em **blogs e páginas de redes sociais**, procure saber se o autor é um especialista na área para o qual ele escreve.

- Não esqueça de anotar os links e as **referências bibliográficas** para citar no seu trabalho ou para retornar aos conteúdos.

(Disponível em: http://www.bibliotecavirtual.sp.gov.br/temas/internet-e-tecnologia/como-pesquisar-na-internet.php. Acesso em: 8/7/2020.)

11. A ideia central do texto é:

a) dar orientações de como usar o Google.

b) dar orientações sobre como pesquisar com eficiência na internet.

c) fazer comentários sobre a Wikipédia.

d) listar conteúdos relevantes da internet.

12. O texto foi publicado no *site* da Biblioteca Virtual e se volta preferencialmente a pessoas:

a) pouco experientes em fazer pesquisa na internet.

b) internautas experientes, porém pouco cautelosos.

c) estudantes e pesquisadores de *blogs* e redes sociais.

d) especialistas em pesquisas *on-line*.

13. Segundo o texto:

a) os conteúdos da internet são sempre confiáveis.

b) é necessário buscar informações em redes sociais.

c) nem tudo que se lê na internet é confiável.

d) o Wikipédia não oferece referências bibliográficas, por isso é pouco confiável.

Leia o texto a seguir e responda às questões 14 a 16.

Internet

No começo dos anos 1960, o americano Paul Baran concebeu uma rede de computadores na qual cada máquina seria capaz de orientar o trabalho das outras. Durante a guerra fria, preocupado com a possibilidade de um conflito nuclear com a União Soviética paralisar as comunicações, o Departamento de Defesa dos Estados Unidos desenvolveu essa rede de computadores para que seus pesquisadores pudessem continuar trocando ideias. O plano inicial era ligar quatro locais: a Universidade da Califórnia (Ucla), a Universidade de Santa Barbara, o Instituto de Pesquisas de Stanford e a Universidade de Utah. Naquele tempo, não havia sistemas-padrão de operação de computadores. As máquinas não podiam se comunicar umas com as outras.

Em 1969 surgiu a ARPnet, ligando apenas computadores de centros de pesquisas acadêmicas e militares nos Estados Unidos. A primeira demonstração oficial foi feita no dia 21 de novembro. Dois anos depois, já eram 24 centros interligados. O projeto era chamado ARPAnet porque foi encomendado pela ARPA (Departament of Defense's Advanced Research Project Agency) a um grupo de talentosos engenheiros de computação, liderado por J. C R. Licklider e Robert Taylor.

Somente em 1981 a ARPAnet deu lugar à internet, abrindo o acesso à pesquisa acadêmica e permitindo o acesso de centros estrangeiros. No ano de 1992, a internet ultrapassou a marca de um milhão de estações interligadas, servindo a aproximadamente dez milhões de usuários. Começou aí a exploração comercial da rede. A internet atual é um complexo de redes interconectadas em que milhões de pessoas de todo o planeta compartilham serviços e trocam mensagens.

(Marcelo Duarte. *O guia dos curiosos — Invenções*. 2. ed. São Paulo: Panda Books, 2007. p. 221-222.)

Computador do início da era digital.

14. O tema central do texto é:

   a) o funcionamento das redes sociais.

   b) o surgimento da internet.

   c) a Guerra Fria entre os Estados Unidos e a antiga União Soviética.

   d) tecnologia e educação.

15. A internet surgiu:

   a) entre pesquisadores, nos Estados Unidos.

   b) na União Soviética.

   c) em quatro importantes universidades não americanas.

   d) nas academias militares.

16. A internet:

   a) durante décadas, esteve restrita a um círculo de pesquisadores.

   b) desde o início se mostrou um importante aliado na comercialização de produtos.

   c) mostrou-se mais importante no mundo acadêmico do que no mundo dos negócios.

   d) só ganhou impulso comercial no século XXI.

Leia os dois cartuns a seguir.

(Disponível em: https://www.tribunaribeirao.com.br/site/charge-17-de-outubro-de-2018/. Acesso em: 1/12/2020.)

(Disponível em: http://www.arionaurocartuns.com.br/2016/09/charge-vicio-celular-internet.html. Acesso em: 1/12/2020.)

17. O 1º cartum cria humor a partir da oposição entre duas realidades:

a) de um lado, a gravidade das catástrofes; de outro, a gravidade da falha nas comunicações por internet.

b) de um lado, a gravidade de catástrofes naturais; de outro, a dependência da internet, que leva as pessoas a achar que ela é tão importante quanto as catástrofes.

c) de um lado, a catástrofe natural sobretudo no campo, envolvendo rios e lavouras; de outro, a catástrofe nas cidades por causa de falhas na internet.

d) de um lado, a realidade da dependência do ser humano em relação ao meio ambiente; de outro, a dependência em relação à tecnologia nos dias de hoje.

18. Compare o 2º cartum ao 1º cartum. Entre eles, nota-se que há em comum a crítica:

a) àqueles que desprezam a internet e as tecnologias.

b) ao desprezo que alguns setores da sociedade têm em relação ao meio ambiente e às questões sociais.

c) à confusão de valores em relação ao que realmente é prioritário num contexto de supervalorização das tecnologias da informação e da comunicação.

d) à desigualdade social, que se reflete também nas diferentes possibilidades de acesso à internet, dependendo do nível social.

Capítulo 10

Quantas histórias...

Quanta coisa gostosa acontece na vida da gente e fica guardada para sempre na memória! Quantas brincadeiras, amigos e livros. Quantas histórias para ler, viver e contar...

Leia o poema a seguir, de Carlos Drummond de Andrade, e responda às questões propostas.

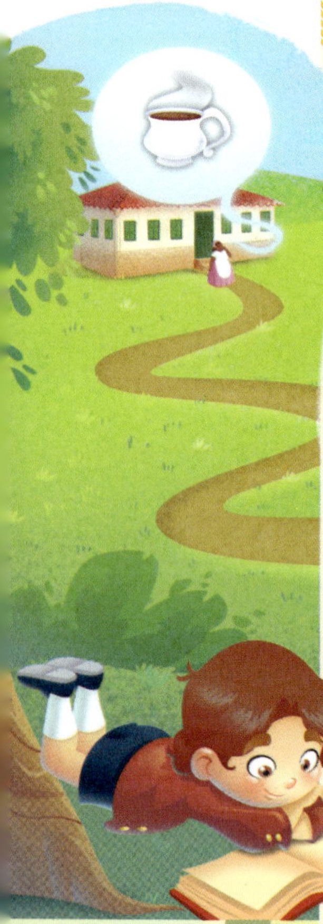

Infância

Meu pai montava a cavalo, ia para o campo.
Minha mãe ficava sentada cosendo
Meu irmão pequeno dormia
Eu sozinho menino entre mangueiras
lia a história de Robinson Crusoé.
Comprida história que não acaba mais.

No meio-dia branco de luz uma voz que aprendeu
a ninar nos longes da senzala — e nunca se esqueceu
chamava para o café.
Café preto que nem a preta velha
café gostoso
café bom.

Minha mãe ficava sentada cosendo
olhando para mim:
— Psiu... Não acorde o menino.
Para o berço onde pousou um mosquito.
E dava um suspiro... que fundo!

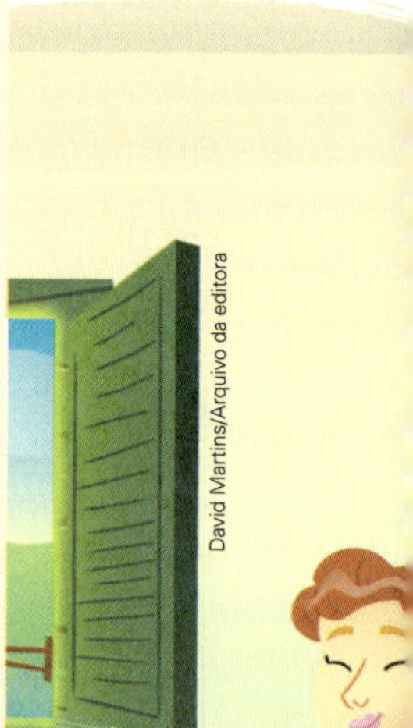

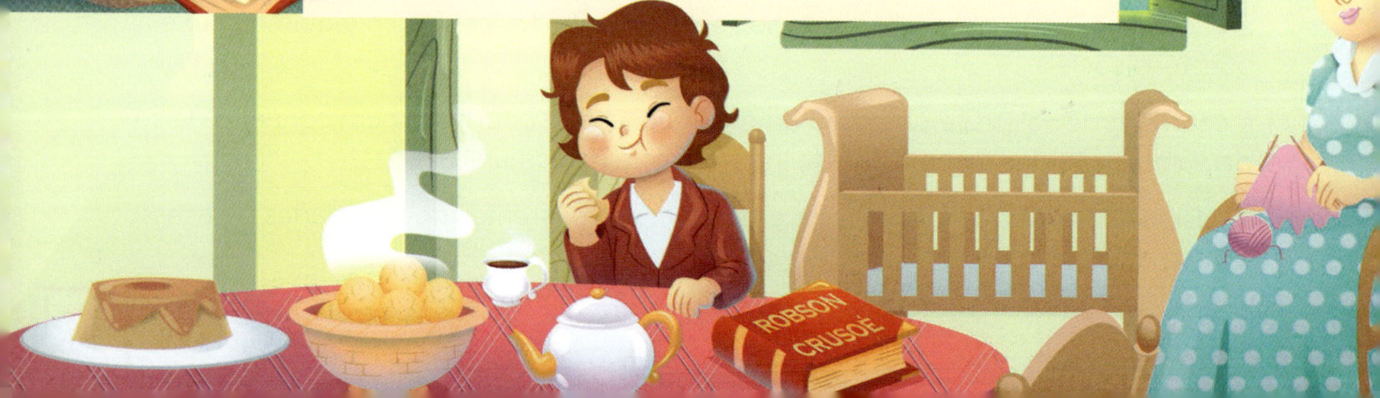

Lá longe meu pai **campeava**
no mato sem fim da fazenda.

E eu não sabia que minha história
era mais bonita que a de Robinson Crusoé.

(In: *Antologia poética*. 26. ed. Rio de Janeiro: Record, 1991. p. 67.)

campear: andar a cavalo pelo campo, geralmente em busca de gado.

1. O eu lírico, ou seja, quem fala no poema, relata situações de sua infância ocorridas na fazenda onde a família vivia. Levante hipóteses:

    a) Qual era a atividade profissional do pai do eu lírico?

    b) O que a mãe do eu lírico fazia na fazenda?

2. A respeito da segunda estrofe do poema:

    a) Levante hipóteses: Quem era a preta velha que chamava para o café?

    b) Interprete: A que a expressão "nos longes da senzala" faz referência?

    c) Nos versos "Café preto que nem a preta velha / café gostoso / café bom", a associação entre a bebida e a "preta velha" tem como efeito:

    - atribuir à preta velha um sentido afetivo e carinhoso.
    - exaltar o café familiar como o melhor café experimentado pelo eu lírico.
    - destacar o preconceito de cor, que era muito forte no passado.
    - destacar as qualidades do café, que é uma bebida gostosa e boa.

QUEM FOI CARLOS DRUMMOND DE ANDRADE?

Carlos Drummond de Andrade (1902-1987) nasceu em Itabira, Minas Gerais, e passou a maior parte da vida no Rio de Janeiro.

Escreveu poesia, crônicas e contos e é considerado um dos maiores poetas brasileiros de todos os tempos. Entre outras obras suas, estão *A rosa do povo* e *Fala, amendoeira*.

Saiba mais sobre o escritor acessando: www.carlosdrummond.com.br.

3. Levando em conta o contexto familiar e a vida do eu lírico na fazenda, responda:

a) Como o eu lírico ocupava seu tempo?

b) Como ele se sentia?

4. De acordo com a terceira estrofe do poema, pode-se afirmar que a vida na fazenda era:

a) agitada.   b) conturbada.   c) tranquila.   d) triste.

5. Pelas reflexões do eu lírico e pelas lembranças que ele tem da infância, pode-se deduzir a respeito dele:

a) Trata-se de uma criança relatando seu presente.

b) Trata-se de um adolescente relatando seu passado.

c) Trata-se de um adulto relatando seu presente.

d) Trata-se de um adulto relatando seu passado.

6. O eu lírico lia a história de Robinson Crusoé.

a) Levante hipóteses: Por que ele considerava que a história era comprida e não acabava mais?

b) Interprete: Por que ele conclui que não sabia que sua história era mais bonita do que a de Robinson Crusoé?

ROBINSON CRUSOÉ

A obra *Robinson Crusoé*, do escritor inglês Daniel Defoe (1660–1731), narra a história de um náufrago (Crusoé) que vive 28 anos isolado em uma remota ilha tropical e, durante esse tempo, passa por muitas dificuldades e perigos. A narrativa descreve a solidão, as aventuras e a luta pela sobrevivência vividas pelo personagem.

Cena do filme *Robinson Crusoé*, de Rod Hardy e George Miller.

c) Leia o boxe "Robinson Crusoé". Há alguma semelhança entre o eu lírico do poema e o personagem central da obra de Defoe? Explique.

7. Qual é o tema do poema "Infância"?

8. E você? Quais são as coisas legais que lembra da sua infância? Conte a sua história e escute as de seus colegas.

Palavras em contexto

1. Observe estes versos do poema:

> "Minha mãe ficava sentada **cosendo**
> olhando para mim:"

Nos versos foi empregado o verbo **coser**, que tem o mesmo som que o verbo **cozer**, mas sentido diferente.

a) Qual é o sentido do verbo **coser** no contexto?

b) Qual é o sentido do verbo **cozer** no enunciado abaixo?

> Para **cozer** devidamente os alimentos, você precisa ter uma boa panela.

2. No verso "Café preto que nem a preta velha", a expressão **que nem** apresenta um sentido:

a) causal, equivalente a **uma vez que**.

b) comparativo, equivalente a **como**.

c) de consequência, equivalente a **que**.

d) temporal, equivalente a **quando**.

Texto e intertexto

Observe este trabalho do fotógrafo francês Pierre Verger (1902-1996), que foi apaixonado pelo Brasil e viveu em nosso país durante muitos anos:

(*O Brasil de Pierre Verger*. Rio de Janeiro: Fundação Pierre Verger, 2006. p. 114.)

QUEM FOI PIERRE VERGER?

Pierre Verger (1902–1996) nasceu em Paris, na França, e se tornou um importante fotógrafo e etnólogo. Viajou pelo mundo fotografando e especializou-se nas culturas africana e afro-brasileira.

Viveu um longo período em Salvador, Bahia, e sua casa foi transformada no espaço cultural Fundação Pierre Verger.

Saiba mais sobre ele acessando o *site*: www.pierreverger.org/fpv/index.php.

1 A foto de Verger retrata duas crianças: um menino em primeiro plano e outra criança, ao fundo, na penumbra. Levante hipóteses:

a) Quantos anos as crianças têm, aproximadamente?

b) Quem é, provavelmente, a criança que está na penumbra? O que ela está fazendo?

2 Leia o boxe "Mestre Vitalino: a arte do barro". Depois, observando o objeto que o menino segura, responda: O que ele está fazendo?

_____
_____

3 Em que momento do dia a foto foi tirada? Justifique sua resposta com elementos do texto.

_____
_____

4 O menino está em uma casa de taipa (pau a pique), construção feita com madeiras entrelaçadas e barro.

a) Considerando a casa e as roupas do menino, deduza: Qual é a condição financeira da família?

_____
_____

b) O menino parece infeliz ou feliz? Justifique.

_____
_____

MESTRE VITALINO: A ARTE DO BARRO

Mestre Vitalino (1909-1963) nasceu nas imediações da cidade de Caruaru, interior de Pernambuco, e criou uma arte que ficou conhecida no Nordeste e em todo o Brasil.

Quando menino, eram raros na sua cidade os brinquedos industrializados. Resolveu, então, moldar alguns bichos de barro — cavalos, bodes, vacas, etc. — e, com o tempo, foi ampliando os temas. Ao retratar pessoas e costumes, Vitalino acabou por compor um rico painel da vida do homem do agreste nordestino. Saiba mais sobre ele acessando o *site*: http://altodomoura.com/Paginas.php?pg=30.

▶ Casa de taipa, muito comum no Agreste nordestino.

5 Compare a foto de Pierre Verger com o poema de Carlos Drummond de Andrade.

a) O que há de semelhante entre os dois textos?

_____
_____

b) O que há de diferente entre os dois textos?

_____
_____
_____

Exercícios

Leia o texto a seguir.

MENINO JÁ NASCEU MALUQUINHO E QUERIDO

"Os meninos que recebem amor e afeto são felizes e viram sujeitos legais", sentenciou Ziraldo durante um debate sobre infância. "Sua tese merece um livro!", sugeriu alguém. Daí veio a inspiração, em 1980, enquanto fazia a barba: "Era uma vez um menino maluquinho...".

Em 15 dias, Ziraldo fez os desenhos do garoto com "fogo no rabo", "vento nos pés" e "pernas que davam para abraçar o mundo".

Já conhecido pelos trabalhos na revista *O Cruzeiro* e no jornal *O Pasquim*, o sucesso na bienal daquele ano foi inevitável: os 5 mil exemplares impressos de *O Menino Maluquinho* não foram suficientes. A edição se esgotou no lançamento.

Hoje, na centésima nona edição brasileira, o livro já foi impresso quase três milhões de vezes para vários lugares do mundo, além de ter virado gibi, dois filmes, peça de teatro, minissérie e até ópera!

Para Ziraldo, o sucesso não tem fim porque "tudo muda, só não muda a alma humana".

"INFÂNCIA VERDADEIRA É ISSO QUE ZIRALDO CONTA EM FIGURA E VERSO GOSTOSOS QUE NEM TORTA DE CHOCOLATE. QUEM VIVEU ASSIM SABE. QUEM NÃO VIVEU... QUE PENA!"

Carlos Drummond de Andrade

MALUQUINHO E SUA TURMA

A panela virou símbolo de toda a trupe do Menino Maluquinho. Pode-se dizer que as orelhas de Mickey estão para os personagens de Walt Disney assim como a panela de ponta-cabeça está para esta turma aqui:

LÚCIO

NINA — Irmã mais nova do Bocão e bem sagaz, faz de tudo para ser aceita pela turma.

CAROLINA

JULIETA — Namorada de Maluquinho. Inteligente e decidida, não perde uma fofoca.

JUNIM — O mais novo e mais caçoado da turma. É cri-cri e muito esperto.

MALUQUINHO — Agitado, bagunceiro e criativo, nunca recusa uma aventura.

BOCÃO — Fiel escudeiro, sempre pronto para um petisco, vive confundindo as coisas.

PANELA NA CABEÇA, PALETÓ DE NAPOLEÃO

Pode procurar: a famosa panela na cabeça do Menino Maluquinho não aparece nem uma única vez dentro do livro. Apenas na capa. Foi uma solução para vestir o garoto de Napoleão, a figura histórica mais associada à maluquice. Ziraldo colocou a mão do personagem dentro de um paletozão azul e o calçou com sapatos de adulto. Depois lembrou da panela que ele mesmo, quando criança, usava na cabeça para brincar de capitão.

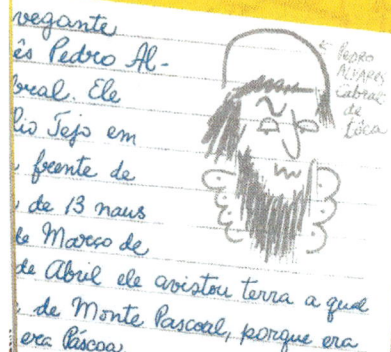

DESCOBRIDOR DO BRASIL FOI PARAR NA COREIA

A ilustração de Pedro Álvares Cabral no caderno de Maluquinho contou com a ajuda da mulher do autor. Vilma desenhou o português com a mão esquerda para parecer feito por uma criança. Nas traduções do livro para outros países, essa página é sempre adaptada para elementos da história local. Só na versão coreana a editora não quis modificações: "É uma obra de arte, não vamos mexer em nada". Trata-se de uma das grandes satisfações de Ziraldo. Outra é a edição especial dos 40 anos de *Flicts* no Japão: "Como objeto, é o livro mais bonito que eu já vi na minha vida".

(*Almanaque de Cultura Popular*, n. 162, p. 24.)

1. Assinale a afirmação correta, de acordo com o texto:

   a) A ideia de criar o personagem Menino Maluquinho nasceu da leitura de um livro.

   b) O personagem Menino Maluquinho foi lançado primeiro na revista *O Cruzeiro* e no jornal *O Pasquim*.

   c) O personagem Menino Maluquinho foi lançado exclusivamente em quadrinhos e é conhecido em vários lugares do mundo.

   d) Ziraldo foi desafiado a criar um livro a partir de uma frase que disse em um debate e, desse desafio, nasceu *O Menino Maluquinho*.

2. Releia esta frase do texto:

   > "'Os meninos que recebem amor e afeto são felizes e viram sujeitos legais' sentenciou Ziraldo durante um debate sobre infância."

   A palavra **sentenciou**, no contexto, equivale a:

   a) proferir uma sentença a um réu.

   b) julgar ou decidir a respeito do mérito de uma causa.

   c) dar opinião sobre algo.

   d) prever algo que ainda não aconteceu.

3. De acordo com a fala do poeta Carlos Drummond de Andrade, é possível imaginar que, para ele:

   a) infância, de verdade, é a do Menino Maluquinho, que é bagunceiro, irreverente, brincalhão, livre.

   b) torta de chocolate é o melhor doce que existe.

   c) a infância do Menino Maluquinho é maravilhosa, mas irreal, pois não cabe no mundo moderno. "Que pena!"

   d) o Menino Maluquinho só existe na forma de linguagem verbal, em livro.

4. Ziraldo desenhou o Menino Maluquinho inspirado na figura histórica de Napoleão. O que aproxima a personagem do garoto e o imperador é:

   a) a semelhança física.

   b) o tamanho baixo.

   c) o caráter aventuresco.

   d) a "maluquice".

Leia a tira a seguir.

Aprendendo alemão

(*Joãos e Joanas – Primeiras impressões*. Editora Meu Bolso, 2012. p. 68.)

5. No diálogo entre duas joaninhas, uma delas diz que procura aprender alemão ouvindo música. Levante hipóteses e deduza: Qual é o sentido da palavra **inusitado** no último quadrinho?

   a) Que legal!

   b) Fantástico!

   c) Horrível!

   d) Incomum!

6. No último quadrinho, uma das joaninhas pergunta se o método está dando certo, e a outra responde: "Meu ritmo melhorou muito de lá para cá"! Nessa resposta, há uma ambiguidade, que provoca o humor da tira. Qual é essa ambiguidade?

   a) A joaninha pode estar melhorando o ritmo com que fala alemão, ou piorando o ritmo musical.

   b) A joaninha pode estar melhorando o ritmo com que fala alemão, ou melhorando apenas o seu ritmo musical.

   c) A joaninha pode estar piorando o ritmo com que fala alemão, ou piorando apenas seu ritmo musical.

   d) A joaninha pode estar piorando o ritmo com que fala alemão, ou melhorando o seu ritmo musical.

7. A palavra ou expressão que prenuncia o desfecho humorístico da tira é:

   a) inusitado

   b) tentando

   c) fazendo aula

   d) técnica

Leia a anedota a seguir.

De manhã, o pai bate na porta do quarto do filho:

— Acorda, filho! Está na hora de você ir para o colégio.

E o filho, de mau humor, responde:

— Hoje eu não vou ao colégio! E não vou por três motivos: estou morto de sono, detesto aquele colégio e não aguento mais os meninos.

E o pai responde do corredor:

— Você tem que ir! E tem que ir exatamente por três motivos: você tem um dever a cumprir, você já tem 45 anos e você é o diretor do colégio.

(Ziraldo. *As anedotinhas do Bichinho da Maçã*. São Paulo: Melhoramentos, 1988. p. 12.)

8. Inferimos que o filho é uma criança porque:

a) as crianças não obedecem aos pais.

b) é comum as crianças não quererem se levantar cedo para ir à escola.

c) o filho não gosta de seus amigos de colégio.

d) o pai obriga o filho a sair da cama.

9. Na frase "não aguento mais os meninos", a palavra **meninos** sugere que o filho:

a) está se referindo a outros meninos da idade dele.

b) não gosta de ter amigos.

c) não gosta de se relacionar com os colegas da escola.

d) é obrigado a conviver com meninos da sua idade na escola.

10. O humor, que se revela ao final da anedota, decorre do fato de:

a) ser revelado ao leitor que o filho é adulto.

b) o filho não obedecer ao pai.

c) o pai acordar o filho pela manhã.

d) o filho não gostar de crianças.

Leia o texto a seguir, de Luis Fernando Verissimo, e responda às questões propostas.

O diamante

Um dia, Maria chegou em casa da escola muito triste.

— O que foi? — perguntou a mãe de Maria.

Mas Maria nem quis conversa. Foi direto para o seu quarto, pegou o seu Snoopy e se atirou na cama, onde ficou deitada, emburrada.

A mãe de Maria foi ver se Maria estava com febre. Não estava. Perguntou se Maria estava sentindo alguma coisa. Não estava. Perguntou se estava com fome. Não estava. Perguntou o que era, então.

— Nada — disse Maria.

A mãe resolveu não insistir. Deixou Maria deitada na cama, abraçada com o seu Snoopy, emburrada. Quando o pai de Maria chegou em casa do trabalho, a mãe de Maria avisou:

— Melhor nem falar com ela...

Maria estava com cara de poucos amigos. Pior. Estava com cara de amigo nenhum.

Na mesa do jantar, Maria de repente falou:

— Eu não valo nada.

O pai de Maria disse:

— Em primeiro lugar, não se diz "eu não valo nada". É "eu não valho nada". Em segundo lugar, não é verdade. Você valhe muito. Quer dizer, vale muito.

— Não valho.

— Mas o que é isso? — disse a mãe de Maria. — Você é a nossa filha querida. Todos gostam de você. A mamãe, o papai, a vovó, os tios, as tias. Para nós, você é uma preciosidade.

Mas Maria não se convenceu. Disse que era igual a mil outras pessoas. A milhões de outras pessoas.

— Só na minha aula tem sete Marias!

— Querida... — começou a dizer a mãe. Mas o pai interrompeu.

— Maria — disse o pai —, você sabe por que um diamante vale tanto dinheiro?

— Porque é bonito.

— Porque é raro. Um pedaço de vidro também é bonito. Mas o vidro se encontra em toda parte. Um diamante é difícil de encontrar. Quanto mais rara é uma coisa, mais ela vale. Você sabe por que o ouro vale tanto?

— Por quê?

— Porque tem pouquíssimo ouro no mundo. Se o ouro fosse como areia, a gente ia caminhar no ouro, ia rolar no ouro, depois ia chegar em casa e lavar o ouro do corpo para não ficar suja. Agora, imagina se em todo o mundo só existisse uma pepita de ouro.

— Ia ser a coisa mais valiosa do mundo.
— Pois é. E em todo o mundo só existe uma Maria.
— Só na minha sala são sete.
— Mas são outras Marias.
— São iguais a mim. Dois olhos, um nariz...
— Mas esta pintinha aqui nenhuma delas tem.
— É...
— Você já se deu conta que em todo o mundo só existe uma você?
— Mas, pai...
— Só uma. Você é uma raridade. Podem existir outras parecidas. Mas você, você mesma, só existe uma. Se algum dia aparecer outra você na sua frente, você pode dizer: é falsa.
— Então eu sou a coisa mais valiosa do mundo.
— Olha, você deve estar valendo aí uns três trilhões...
Naquela noite a mãe de Maria passou perto do quarto dela e ouviu Maria falando com o Snoopy:
— Sabe um diamante?

(In: *O santinho*. 3. ed. Porto Alegre: L&PM, 1991. p. 10-12.)

11. Maria chega muito triste da escola, não conversa com ninguém, pega seu Snoopy e se atira na cama, emburrada. Diante desse comportamento, a mãe pensa que a filha:

a) brigou na escola.
b) estivesse de mau humor.
c) estivesse doente ou sentindo algo diferente.
d) não quisesse conversar com ninguém.

12. A menina estava triste porque:

a) estava se sentindo comum.
b) outras meninas tinham o mesmo nome que ela.
c) ela não era bonita.
d) ela se sentia feliz.

13. Na mesa de jantar, Maria diz: "Eu não valo nada". O modo como Maria emprega o verbo **valer** demonstra que ela:

a) dominava a norma-padrão da língua.
b) usava uma linguagem coloquial.
c) usava uma linguagem expressiva, própria do ambiente familiar.
d) ainda não dominava a norma-padrão da língua.

14. A comparação de Maria com o diamante inicialmente não convence a menina. O argumento que começa a convencer Maria é:

a) "E em todo o mundo só existe uma Maria."
b) "Mas são outras Marias."
c) "Mas esta pintinha aqui nenhuma delas tem."
d) "Você é uma raridade."

15. O texto "O diamante" é uma crônica, gênero textual geralmente publicado em jornais, revistas e livros. A crônica caracteriza-se por ser curta, retratar situações do cotidiano, criar humor e/ou promover reflexões a respeito da vida, das relações sociais, etc. A crônica "O diamante" promove:

a) uma crítica às pessoas que valorizam apenas bens materiais.

b) uma reflexão sobre competição e *bullying* nas escolas.

c) uma reflexão a respeito da prepotência dos pais que se impõem sobre a vontade das crianças.

d) uma reflexão bem-humorada sobre comportamento e sensibilidade infantil.

Leia o texto a seguir.

(Nik. *Gaturro a lo grande*. Buenos Aires: Catapulta Children Entertainment, 2009. v. 3, p. 94. Tradução dos autores.)

16. Qual é o tema do quadrinho?

a) a saudade   b) o amor   c) a separação   d) a compreensão

17. Gaturro é um gato apaixonado por Ágata, uma gatinha que não corresponde ao seu amor. Ao dizer que Gaturro é o "rei da sutileza", Ágata tem a intenção de:

a) incentivar Gaturro a fazer outras declarações amorosas.

b) retribuir com outra declaração amorosa as provas de amor que Gaturro costuma dar.

c) elogiar o romantismo de Gaturro, que lhe oferece um mundo cor-de-rosa com corações e um imenso "Te amo".

d) ironizar o exagero da declaração de amor de Gaturro, que lhe oferece um mundo com corações cor-de-rosa e um imenso "Te amo".

18. Observe e compare a expressão facial de Ágata e Gaturro.

   a) Ela demonstra estar apaixonada, e ele, desolado.

   b) Ambos demonstram estar desolados.

   c) Ela demonstra estar entediada, e ele, apaixonado.

   d) Ambos demonstram estar apaixonados.

Leia o texto a seguir.

Origens do cordel

Originária de Portugal, a literatura de cordel instalou-se em Salvador, na Bahia, que foi a primeira capital do Brasil, e dali irradiou-se para os demais estados do Nordeste. Por esta razão os livretos de feira, como também são conhecidos, se desenvolveram substancialmente entre os nordestinos.

Cordel quer dizer barbante ou corda fina, que era a antiga forma de exposição dos livretos, nas praças e feiras do interior do Nordeste.

A xilogravura popular nordestina, com seus símbolos e mitos ingenuamente expressos em traços fortes, juntou-se ao cordel, num casamento perfeito, feito feijão e arroz. É a técnica preferida, pelos criadores de cordel, para a confecção das capas e ilustrações das pequenas revistas.

O cordel também utiliza nas capas arabescos, vinhetas, imagens, fotos e borracha vulcanizada. A maioria, no entanto, continua usando a xilogravura, com bases de madeiras macias como cedro, pinho ou umburana.

(Chico Salles. *Cordelinho*. Rio de Janeiro: Rovelle, 2008.)

19. Assinale a alternativa correta:

   a) Cordel é a técnica preferida para a criação de capas e ilustrações dos livretos de feira.

   b) Cordel quer dizer barbante ou corda fina; nele ficavam dependurados antigamente os livretos.

   c) O cordel se originou na cidade de Salvador, na Bahia, e irradiou-se dali para outras cidades.

   d) Cordel e xilogravura são técnicas usadas em livretos no Nordeste.

20. O texto "Origens do cordel" tem a finalidade de:

   a) emocionar o leitor.

   b) informar o leitor.

   c) instruir o leitor.

   d) advertir o leitor.

Bibliografia

ANTUNES, Irandé. *Aula de português*: encontro & interação. São Paulo: Parábola, 2003.

BAKHTIN, Mikhail. *Estética da criação verbal*. São Paulo: Martins Fontes, 1997.

BRASIL. Ministério da Educação. Secretaria de Educação Básica. União Nacional dos Dirigentes Municipais da Educação. Conselho Nacional de Secretarias de Educação. *Base Nacional Comum Curricular*. Versão final. Dezembro de 2018. Disponível em: http://basenacionalcomum.mec.gov.br/images/BNCC_EI_EF_110518_versaofinal_site.pdf.

BRASIL. Secretaria de Educação Básica. *PDE/Plano de Desenvolvimento da Educação*: Prova Brasil – ensino fundamental: matrizes de referência, tópicos e descritores. Brasília: MEC/SEB/Inep, 2008.

COLL, César; MARTÍN, Elena. *Aprender conteúdos & desenvolver capacidades*. Porto Alegre: Artmed, 2004.

CORACINI, Maria José (org.). *O jogo discursivo na aula de leitura*. Campinas: Pontes, 1995.

COSCARELLI, Carla Viana (org.). *Tecnologias para aprender*. São Paulo: Parábola, 2016.

COSCARELLI, Carla Viana; RIBEIRO, Ana Elisa (org.). *Letramento digital*: aspectos sociais e possibilidades pedagógicas. 3. ed. Belo Horizonte: Ceale: Autêntica, 2011.

COSTA VAL, Maria da Graça. *Redação e textualidade*. São Paulo: Martins Fontes, 1994.

ILARI, Rodolfo. *Introdução à semântica*: brincando com a gramática. São Paulo: Contexto, 2001.

KLEIMAN, Angela. *Leitura*: ensino e pesquisa. Campinas: Pontes, 1989.

KLEIMAN, Angela. *Texto & leitor*. Campinas: Pontes, 1995.

KLEIMAN, Angela; MORAES, Silvia E. *Leitura e interdisciplinaridade*. Campinas: Mercado de Letras, 1999.

KOCH, Ingedore G. V. *A coerência textual*. São Paulo: Contexto, 1991.

KOCH, Ingedore G. V.; BENTES, Anna Christina; CAVALCANTE, Mônica Magalhães. *Intertextualidade*: diálogos possíveis. São Paulo: Cortez, 2007.

KOCH, Ingedore G. V.; TRAVAGLIA, Luiz C. *Texto e coerência*. 4. ed. São Paulo: Cortez, 1995.

MACEDO, Lino de; ASSIS, Bernadete A. (org.). *Psicanálise & pedagogia*. São Paulo: Casa do Psicólogo, 2002.

MACHADO, Nílson José; MACEDO, Lino de; ARANTES, Valéria Amorim. *Jogo e projeto*. São Paulo: Summus, 2006.

MARTINS, Maria Helena. *O que é leitura*. São Paulo: Brasiliense, 2004.

PERRENOUD, Philippe. *Construir as competências desde a escola*. Porto Alegre: Artmed, 1999.

ROJO, Roxane; MOURA, Eduardo (org.). *Multiletramento na escola*. São Paulo: Parábola, 2012.

SCHNEUWLY, Bernard; DOLZ, Joaquim. *Os gêneros orais e escritos na escola*. Tradução e organização de Roxane Rojo e Glaís Cordeiro. Campinas: Mercado de Letras, 2004.

SOLÉ, Isabel. *Estratégias de leitura*. Porto Alegre: Artmed, 1998.

ZILBERMAN, Regina da Silva (org.). *Leitura*: perspectivas interdisciplinares. São Paulo: Ática, 1999.